Père Mansour LABAKY

L'ENFANT DU LIBAN

Les chemins de nulle part

**Collection « Les Enfants du Fleuve »
dirigée par Jean-Claude Didelot**

FAYARD

DANS LA MÊME COLLECTION

Un prêtre chez les drogués, Pierre de Parcevaux, 1986.

Des enfants en prison avec des adultes, Katarina Tomasevski, 1986.

Enfants perdus du Brésil, Henri Engelmann, 1986.

Sans toit ni frontière, Marie-Jeanne Coloni, 1987.

Au plus petit d'entre les miens, les gamins de Bogota, Christophe Pélissié du Rausas, 1987.

Les enfants IMC, des enfants avant tout, Catherine Guéroult, 1987.

Les enfants de l'Apartheid, Elise Fischer, 1988.

Maîtresse, Dieu existe. Les enfants dans l'étau de l'athéisme soviétique, Sergiu Grossu, 1988.

Les enfants myopathes, un pari sur l'espérance, Yolaine de Kepper, 1988.

Mon vagabond de la lune, Mansour Labaky, 1988.

La Maison de l'Alliance. Les enfants de la rue à New-York, 1988.

OUVRAGES DU MÊME AUTEUR

Kfar Sama, village du Liban, Éd. Pierre Téqui, 1983.

Également en vente aux Éd. Pierre Téqui, une cassette C 60 *Kfar Sama,* réalisée avec le concours de Jean Piat et qui donne de larges extraits du livre (82, rue Bonaparte - 75006 Paris). (Traduit en anglais, allemand, italien et arabe).

Mon vagabond de la lune, Éd. Fayard, 1988.

INTRODUCTION

Au milieu des ruines d'un pays déchiré, dans le sang et la mort, sous le fracas des obus, au sein même d'un de ces orphelinats si vite pleins, surgit une petite fleur fragile et tendre. Nous sommes partagés entre le sourire et les larmes. Un rien, et ce miracle de l'enfance et de l'amour sombrerait dans la haine et le désespoir ; un rien, et ce cristal si pur se fêlerait sous notre regard. Nous voici tout émerveillés, émus, soudain honteux d'être de ce monde des adultes qui détruit et tue, nous voici conviés au sein même du jardin secret du petit Nassim. Nous voici jouant dans les ruelles fraîches de ce village de montagne si gai et paisible sous la protection de son grand saint Patron « Mar Jériès ». Que de merveilles ! C'est le petit peuple du Liban, un peu hâbleur, fort en paroles et encore plus en amour, c'est toute la famille d'un enfant heureux qui vivent pour nous. Qui vivent et qui meurent.

Pour la première fois peut-être depuis le début de ce drame oublié dans la foire aux médias, nous sommes saisis jusqu'au fond car, avec le père Labaky, nous devenons ce petit Nassim anéanti sur les débris de son bonheur perdu. Comme lui, nous renonçons à comprendre, à analyser, à haïr même, pour nous enfoncer dans la souffrance et le silence.

Le silence ! Il faudra le petit Jad, « l'enfant au cœur de mère », pour y rejoindre Nassim. Il aura fallu aussi que le Père Labaky redevienne comme l'un de ces petits à qui le royaume est promis pour que nous puissions pénétrer si avant au sein de ce lien mystérieux qui peut unir deux enfants par-delà le malheur. Voici que l'amitié leur permet à nouveau de revenir sur la pointe des pieds dans le monde enchanté de leur enfance volée. L'arc de lumière si ténu et si fort qui jaillit de l'un à l'autre, passe loin au-dessus des obus et de la mort, au-delà même des gestes de pitié des sœurs de l'orphelinat. Le Père Labaky nous guide nous aussi au long de ce chemin lumineux car le monde de la violence n'est présent que par ses effets dans la vie et le cœur des deux enfants. Tous ceux qui ont côtoyé le monde de l'enfance, de la guerre et de la misère, retrouveront là ces moments bouleversants où l'adulte ne peut que suspendre son pas au seuil du mystère : l'excès de malheur appelle le silence.

Nous nous identifions à Nassim et nous sommes appelés à élargir notre regard à l'universel car, s'il existe une Internationale, c'est bien celle des enfants massacrés dans leur corps ou dans leur âme par les fanatismes. Internationale silencieuse, désarmée et pitoyable qui, du Cambodge au Liban, de l'Afghanistan à l'Éthiopie, projette jusque dans notre temps le drame des saints innocents. Un jour, nous aurons à répondre à cette question : « Qu'as-tu fait de Nassim, qu'as-tu fait de San, de Tellahoum, de Farid ? » Les brutes et les idéologues qui les mènent, mais aussi nous tous qui pouvions faire autre chose que de rester affalés devant nos postes de télévision. Oui, tous, nous aurons à répondre. Que le Seigneur nous pardonne alors ! Déjà, son Amour répond à notre péché car, des décombres, la vie surgit soudain. Il suffit d'un rien, d'un geste de tendresse à peine esquissé, du sourire mouillé d'un orphelin, d'un sentiment paternel qui se réveille pour que le Seigneur, qui n'attendait que ce signe, puisse déployer sa miséricorde. Jad sera ici l'instrument de sa douce puissance. Et nous ?

Jean-Claude DIDELOT

PRÉFACE

Ecrire sur des enfants pris dans la guerre, victimes innocentes de la férocité des adultes, est une gageure. L'attendrissement facile, le larmoiement sont à craindre. Ce livre est un tour de force car il évite ces pièges.

Dans un orphelinat libanais, deux très jeunes enfants se lient d'amitié. Nassim a perdu toute sa famille dans un bombardement. Jad a encore son père et prend sous sa protection « le double orphelin ». Leur amitié pure et sauvage leur permet de dépasser le désespoir. Certes la perte de la tendresse maternelle, que l'auteur évoque avec une sobre efficacité, les crucifie en permanence. Cependant, l'amour du village natal et du pays martyr fait revivre, à leurs yeux, ceux qu'ils ont perdus et tout ce qui a disparu avec eux. Peu à peu, appuyés l'un sur l'autre, ils se mettent à faire de nouveau confiance à la vie. Une fois de plus, l'enracinement se révèle être la condition de la véritable liberté.

De ce récit-poème, où le lyrisme est d'autant plus émouvant qu'il est plus discret, se dégage une grande leçon, à savoir que l'amour est constructeur de lumière.

Jacques de BOURBON-BUSSET
de l'Académie française

AVANT-PROPOS

Remarques sur le Liban

Le Liban est un petit pays du Moyen Orient. Son nom veut dire Montagne blanche, *à cause de ses sommets couverts de neige et de ses roches blanches. Sa superficie est de 10 452 km². Ses frontières sont :*

- *à l'Ouest : la Mer Méditerranée,*
- *à l'Est et au Nord : la Syrie,*
- *au Sud : Israël.*

Il est long de 220 km et large de 60 km. Ses sommets dépassent 3 000 mètres d'altitude. Pays d'Asie, il est aux portes d'Afrique (1 heure d'avion d'Égypte) et d'Europe (1 heure d'avion de Grèce).

Ses 3 millions d'habitants forment une « fédération de communautés religieuses » réparties comme suit :

1. *Six chrétiennes catholiques.*
   Maronites, Grecs Catholiques ou Melkites, Arméniens catholiques, Syriaques catholiques, Latins, Chaldéens.
2. *Cinq chrétiennes non-catholiques :*
   Grecs Orthodoxes, Arméniens grégoriens, Syriaques monophysites ou jacobites, Assyriens ou Nestoriens, Protestants.
3. *Deux musulmanes : Sunnites, Chiites.*
4. *Trois ni chrétiennes ni musulmanes :*
   Druzes (issus du chiisme ; croient à la réincarnation)
   Juifs, Alaouites ou Noussayris.

Ces communautés sont toutes libres et fières de leur dignité humaine, jalouses de leurs droits de citoyens à part entière dans la patrie commune. Elles avaient fui les persécutions dans leurs pays d'origine. Le premier groupe fut les Maronites au 5e siècle, le dernier fut les Arméniens au 20e siècle.

Elles vivaient harmonieusement, sauf quand des extrémistes ou des fanatiques venus de l'extérieur du Liban, troublant et brisant cette harmonie, noyaient le pays dans des bains de sang. Le Liban se relevait toujours, confiant dans son avenir, conscient de sa vocation qui est celle de rester un défi à l'intolérance.

*

– C'est au Liban, à Byblos, que fut inventée l'écriture alphabétique qui a permis les rapprochements entre les peuples et l'essor intellectuel de l'humanité.

– La Bible cite 72 fois le nom du Liban, comme terre de beauté, de sainteté, de fragrance, de parfum.

– C'est le bois des Cèdres du Liban qui servit de matériau pour la construction du Temple de Salomon ; des ingénieurs et des ouvriers libanais, mandatés par le roi de Tyr, ont ainsi travaillé à l'édification d'un Temple pour un Dieu qui n'était pas le leur. Mais l'adage libanais dit : « Si ton voisin est en paix, tu es en paix ». Le respect des autres croyances est inné chez le Libanais.

– C'est dans une ville libanaise, Sarepta de Sidon, et à une veuve libanaise, que le prophète Élie manifesta la tendresse de Dieu.

– C'est à une femme de Sidon que le Christ adressa un éloge : « Grande est ta foi, ô femme, ta fille est guérie ». Comme si toute la terre libanaise devait devenir une terre de foi et d'amour.

– C'est sur le rivage de la ville de Tyr que saint Paul s'est agenouillé pour prier avec la première communauté chrétienne de la ville.

6 000 ans d'histoire
2 000 ans de christianisme
1000 ans de coexistence islamo-chrétienne
ne peuvent tuer ni l'âme ni la destinée du Liban.

Les innombrables envahisseurs qui ont semé la mort et les ruines ont tous disparu ou disparaîtront... et le Liban a survécu... et survivra.

*

En 1943, le « Pacte national », disposition non écrite élaborée par les principaux dirigeants des communautés concédait aux Maronites la première magistrature de l'État, aux Sunnites la Présidence du Conseil, aux Chiites la Présidence de la Chambre. Tandis que la Constitution confirmait que les diverses communautés doivent être « équitablement représentées » dans les instances de l'État, le Parlement issu des élections de 1972 comprend :

30 députés maronites
20 Sunnites
19 Chiites
11 Grecs orthodoxes
6 Grecs catholiques
6 Druzes
4 Arméniens orthodoxes
1 Arménien catholique
1 Protestant
1 représentant de l'ensemble des autres minorités.

LES CHEMINS DE NULLE PART

En 1975, la haine s'est encore déchaînée contre le Liban. Les forces du Mal ont décidé de l'anéantir. Il résiste encore avec courage, foi, amour et pardon. Il résiste en priant et en espérant. Il porte la croix tout seul. Trouvera-t-il un Simon de Cyrène ? Un bon Samaritain ?

Ami lecteur, accepteriez-vous d'être du nombre des Saints, des Poètes, des Innocents, des combattants de la non-violence, des Justes qui enseveliront la guerre ?

Les Libanais espèrent, pardonnent et prient. Ils n'ont que l'arme de David contre tant de Goliath. A l'image du Christ, ils sont crucifiés sur une barrière pour briser les barrières. Aidez-les dans cette entreprise « surhumaine ». Les forces de l'Esprit réduiront les canons au silence.

LES ÉDITEURS

N.B. : Dans ce livre, l'auteur veut prouver qu'au Liban l'amour chante toujours sur les ruines et dans les cœurs. Ecrit directement en français, ce livre garde la fraîcheur locale : certaines expressions libanaises sont traduites entre guillemets ; d'autres, intraduisibles, sont imprimées en italique.

De ma montagne, lorsque j'étais enfant, j'apercevais la mer, tout au fond à l'Ouest, belle, immense, mystérieuse, avec ses matins d'été d'un bleu soyeux, ses midis éclaboussés de lumière et ses nuits moirées d'étoiles et de lune.

Je croyais qu'elle finissait à l'horizon, là où le soleil se blottissait dans un ruissellement de pourpre et d'or ou sombrait dans un amoncellement de nuages présageant les pluies.

A nos pieds, elle baignait une mince bande côtière s'étirant en longs vergers d'agrumes, dont l'enivrant parfum à la floraison montait jusqu'à nous, entraîné par la brise.

En vérité nous étions trop haut perchés pour recevoir les senteurs de la plaine. Mais du moment que ma mère les humait, les yeux brillants d'émotion heureuse, je ne pouvais que l'imiter, reniflant avec conviction dans son sillage, en marge de mes propres perceptions.

Ma mère était ma mère et je croyais qu'elle entendait, sentait et voyait plein de choses inaccessibles aux autres. Par exemple, lorsque les soirs d'été, nous savourions la splendeur du ciel étoilé, j'étais persuadé qu'elle voyait pour de vrai l'intérieur du paradis qu'elle me contait. Et blotti contre elle, c'est par la douceur de sa voix, bien plus que par ses paroles, qu'elle m'imprégnait de la présence mystérieuse mais si intense de Dieu.

Je sus, plus tard, que les orangers en fleurs embaumaient certains souvenirs particulièrement heureux de ma mère.

Je compris, encore bien plus tard, que l'on pouvait vraiment « sentir » par le souvenir.

Vert et châtain en toutes saisons et parsemé de toits rouges, notre semblant de rivage se tachetait de blanc, de loin en loin sur les caps, là où les maisons, je le compris aussi plus tard, se massaient comme des troupeaux de moutons, pour former des villes.

Tout de suite après les vergers se hissaient les montagnes, en ondoyant loin, vers le Sud, et encore plus loin, vers le Nord. Mais à l'Est, je ne voyais que la courbe boisée de la colline qui surplombait notre village et je croyais que là, finissait la terre.

Un jour, juché sur les épaules de mon geddo (1), nous grimpâmes jusqu'au sommet de cette colline et, ô surprise ! je découvris des vallées et encore d'autres montagnes, d'autant plus profondes et impressionnantes qu'aucune mer ne les délimitait. Je les contemplai un long moment, prenant lentement conscience qu'au-delà de ce que nos yeux pouvaient voir, il existait d'autres mondes, des mondes qui semblaient rejoindre le ciel, à moins qu'ils ne soient sans fin.

Où donc s'arrêtait la terre ?

« C'est quoi, tout ça ? demandai-je à mon geddo.

– Tout ça, c'est notre pays, dit-il en riant de mon étonnement. Tout ça, c'est le Liban.

1. Geddo : grand-père.

– Mais du côté de la mer, c'est partout notre village, n'est-ce pas ?

– Non, dit geddo, c'est aussi le Liban. Notre village, c'est seulement là où sont rassemblées nos maisons à nous, c'est-à-dire la tienne et celles des gens que tu connais bien et que tu peux voir tous les jours. Notre village n'est qu'une toute petite miette de notre pays.

– Et ces maisons, là-bas et là-bas, et là-haut, et en bas, demandai-je en pointant un index dans toutes les directions, ce n'est donc pas notre village ?

– Non, dit geddo. Ce sont d'autres villages. Chacun a un nom propre et tous se trouvent au Liban.

– Et la mer, c'est aussi notre pays ?

– Non, dit geddo. Un petit bout seulement, près de la côte. La mer te mène à d'autres pays et à d'autres mers. Et après nos montagnes, il y a encore d'autres pays et d'autres mers.

– Ah ! fis-je, ébloui par la grandeur et la diversité d'un monde que je commençais à peine à entrevoir. Ah ! notre village n'est donc pas toute la terre ?

– Non, dit geddo, mais notre village dans notre pays est toute notre terre à nous.

– Et après les autres pays et les autres mers, qu'est-ce qu'il y a ? Est-ce le ciel qui commence ? Où s'arrête la terre ? Est-ce qu'on peut voir un autre pays d'ici ? Est-ce que... »

Je posai mille questions et geddo m'expliqua tant de merveilles que je finis par mélanger le ciel et la terre.

Mais ce soir-là, à l'heure du sommeil, je sentis mon village m'envelopper comme les bras de ma mère. Pour moi, il n'était plus ce quelque chose d'imprécis, flottant entre l'horizon et les cîmes de nos montagnes : mes deux bouts du monde. Il s'était singulièrement amenuisé tandis que mon univers s'immensifiait, mais il avait pris forme et consistance.

Je n'étais qu'un petit garçon parmi tant d'autres et il n'était qu'un petit village parmi tant d'autres. Mais comme moi, il avait un nom, comme moi, il avait sa place dans l'univers, comme moi, il était aimé, comme moi, il était vivant.

Voilà ce que mon geddo m'insuffla, là-haut sur la colline, en même temps qu'il m'apprit que l'horizon n'était jamais fin de quelque chose, mais toujours commencement d'« ailleurs ».

*

Par la suite j'oubliai un peu mon village. C'est-à-dire que je le regardais sans le voir, comme on effleure les objets trop familiers qui ne s'imposent à notre mémoire qu'une fois disparus. Il était là et j'étais là, mais lui ne changeait guère, alors que l'horizon commençait à dériver vers moi dans un ahurissant amalgame de réalités et de fictions, de douceur et de violence, de beautés et de laideurs, très différent de ce que nous vivions chez nous.

Ah ! la puissance d'envoûtement de la télévision. Mais j'étais encore trop petit pour me délecter de chanteurs se désossant sur un fond de musique bourdonnante comme un essaim d'abeilles géantes, de fiction sans cesse explosante et d'histoires de détectives dont la trame m'échappait totalement, sinon que tout le monde n'arrêtait pas de courir après et de tirer dans le tas. J'en frémissais bien plus d'effroi que d'exaltation, mais je percevais ces images, si je puis m'exprimer ainsi, comme en retrait de ma conscience. Elles ne débordaient pas sur ma réalité et n'alimentaient ni mes rêves ni mes jeux, même s'il m'arrivait de m'imaginer homme-fusée, jambes en ailettes crachant des flammes, nez en hélice, vrombissant en vitesse supersonique dans un ciel jaune, zébré de rouge et de noir.

Enfant de la montagne, je disposais d'assez d'espaces, de paysages et surtout de douce paix pour m'ouvrir aux beautés des choses. Le bleu de la mer au silence lointain et immobile sur lequel je m'imaginais rouler et glisser à l'infini, l'ombre mouvante et jaspée d'or de notre mûrier, le miel dégoûlinant des alvéoles dont je ne comprenais pas qu'elles puissent être l'œuvre de minuscules bestioles ailées et le curieux comportement de notre tortue me fascinaient bien plus qu'une cacophonie télévisée.

Je ne sais toujours pas si toutes les tortues du monde présentent la particularité qui m'intriguait tant chez la nôtre. Aux approches du froid (je ne me souviens pas si c'était aux premières pluies d'octobre ou un peu plus tard vers le milieu de l'automne), elle abandonnait les multiples délices du jardin pour se cloîtrer dans la maison et graviter, jusqu'au printemps, autour du poêle de la salle de séjour. Chose encore plus étonnante : elle refusait obstinément toute nourriture.

Lorsque le soleil écartait les nuages, il m'arrivait, histoire de l'aérer un brin, de transporter ma recluse dehors. Mais à peine flairait-elle la terre qu'elle s'empressait de regagner son hivernage, d'où elle me manifestait sa réprobation en escamotant sa tête dans sa carapace. Ceci me vexait grandement, alors qu'elle avait coutume de la balancer de contentement lorsque je lui parlais.

Le vingt et un mars, ni la veille ni le lendemain, Allah s'en porte garant ! notre tortue émigrait de nouveau au jardin. Si en sortant elle se heurtait à porte close, elle s'y arc-boutait et la grattait de ses pattes antérieures, jusqu'à ce que l'un d'entre nous s'avisât de la lui ouvrir.

« Pourquoi sort-elle aujourd'hui ? demandai-je une fois à Youssef, mon frère aîné.

– Parce que nous sommes le vingt et un mars.

– Et alors, qu'est-ce que ça a de spécial ?

– C'est le premier jour du printemps.

– Ah ! et comment le sait-elle ?

– Pourquoi les arbres fleurissent au printemps ? Comment savent-ils que c'est le printemps ? A cause de la douceur du temps et de mille autres signes. Eh bien, je suppose que c'est pareil pour ta tortue. Elle SAIT et elle SENT, voilà tout !

– Oui, mais les arbres fleurissent pendant des semaines et des semaines et pas tous à la fois. Ils n'attendent pas un jour précis. Pourquoi sort-elle aujourd'hui et pas hier, ou avant-hier, ou demain, ou après-demain ?

– Il y a un moyen très simple de le savoir, me taquina Youssef. Va le lui demander, peut-être qu'à toi, elle le dira ».

Quelque temps plus tard, me souvenant que mon cousin Milad avait aussi une tortue, je courus chez lui pour m'enquérir des habitudes de la sienne. Je le trouvai à plat ventre près d'un rosier, en profonde méditation devant une chenille superbement verte, hérissée de magnifiques perles bleues. J'en oubliai le but de ma galopade et m'affalai à ses côtés.

« Oh ! chuchotai-je, rendu aphone par la vision d'une telle splendeur, tu ne pourrais pas me la prêter jusqu'à demain ?

– Je voudrais bien, soupira-t-il, mais je ne peux même pas me la prêter à moi-:même.

– Pourquoi ? L'an dernier, je t'ai refilé tous mes scarabées.

– Oui, oui, mais je ne te les emprunterai plus. Ça et les scarabées, c'est fait pour vivre dehors. C'est fait pour être libre.

– Qui te l'a dit ?

– Mon papa.

– C'est quoi, être libre ?

– Je ne sais pas. C'est ne pas être enfermé, comme quand on les met dans des boîtes d'allumettes.

– C'est quand on vit dehors, qu'on est libre ?

– Je ne sais pas. Ce que je sais, c'est que j'aurais bien voulu l'emmener partout avec moi et même te la prêter un peu. Elle est si belle !»

Belle, cette chenille l'était royalement. Mais comme on dit chez nous : « O neuf, tu es beau dans ta nouveauté ; ô ancien, c'est passé pour toi ».

Dès le lendemain, je feuilletai avec un ravissement inexprimable le premier livre de contes qu'il me fût donné de lire et que m'offrit Lamia, ma sœur aînée, pour mes six ans.

Le titre en lui-même me parut une voie lactée menant au merveilleux à travers un ciel parsemé d'étoiles. Pensez un peu : LES MILLE ET UNE NUITS. Cela ne pouvait être autre chose que l'éternité du paradis que je voyais soudain en mille et une nuits de Noël, avec mille et un séraphins, voletant autour de mille et une crèches, enguirlandées de mille et une étoiles.

« Est-ce l'histoire du paradis qui ne finit pas et de son commencement ? », demandai-je dans l'espoir de connaître l'AVANT de toutes choses. Car enfin, si l'éternité, surtout présente et future, me paraissait naturelle, – le monde, maintenant et toujours, sans moi et les miens, pensez un peu ! – je concevais mal qu'il ne puisse y avoir un point de départ, un commencement, un AVANT Dieu et la création.

« Oh, non ! s'écria Lamia. Ce n'est pas ÇA du tout ! C'est Sindbad, Aladdin et compagnie. Tu ne vas pas être déçu, j'espère ? »

Evidemment, ce n'était pas ÇA du tout. C'était bel et bien autre chose : un monde fabuleux qui abolissait plus sûrement que le sommet de notre colline les limites du visible et de l'invisible, du possible et de l'impossible. Ce jour-là, je rayai les fusées de mes voyages imaginaires. Plus de flammes pour démarrer, plus d'explosions pour alunir, plus d'essaims d'abeilles géantes en guise de musique. De l'éblouissement à perte d'images, des flûtes, des luths, des tambourins, des anneaux et des lampes magiques, des cités aux coupoles d'or, des grottes, des jardins, des parfums, des couleurs féeriques, toute une faune de voleurs, de trompeurs, d'ambitieux naturellement jaloux et maléfiques, tôt ou tard vaincus, et par leur propre noirceur, et par le constant et miraculeux triomphe des cœurs sans malice.

C'était tout simplement fantastique. Enturbanné, chaussé de babouches et plus léger que feuille au vent, je prenais place, en ouvrant mon livre, sur un tapis volant qui m'emportait au septième ciel, « par-delà la septième mer et la neuvième montagne ».

Mon village aussi était fantastique. Et c'est parce qu'il me comblait de beautés et de certitudes que les nuages m'étaient si merveilleusement accessibles. J'imaginais leur ronde autour de la terre et je me disais que demain, quand je serai grand, je partirai « pour de vrai », loin, très loin, n'importe où, pourvu que s'ouvrent des chemins. Et chaque fois je reviendrai à mon village, car l'idée de le quitter pour toujours ne m'effleurait jamais.

De toute manière des mots tels que JAMAIS ou GUERRE n'avaient aucun sens pour moi. Douillettement perché au bord du large, je vivais un TOUJOURS bienheureux, englobant un AUJOURD'HUI rayonnant de tendresse et un DEMAIN plus prometteur et chantant qu'une source printanière.

J'ignorais que la guerre s'apprêtait à souffler mon ciel et que le premier chemin offert à mes rêves d'horizons serait un tunnel sans retour, noir, oppressant, parce qu'au lieu de tendresse, c'est la terreur qui ferait battre mon cœur.

Mais j'ignorais aussi que mon village avait déjà défini la cadence de mes pas, les nuances du regard par lequel je m'offrirais le monde, l'intensité de mon accueil au chant de la vie.

« Chez nous, au village », disaient les gens autour de moi. « Chez nous, au village », évoquent les Libanais un peu partout dans le monde. Et nos amis étrangers s'étonnent : « Pourquoi, quand un Libanais dit « chez nous, au village », nous croyons entendre « chez nous, au paradis », tant nous sommes surpris par son expression de profonde béatitude ?

O frère étranger, où as-tu pris racine ? Quel est le point de la terre que tu sens bruire en toi comme une montée de sève ?

O frère étranger, moi comme toi je vois, parce qu'il est un point de la terre qui m'a offert le réel comme un avant-goût de l'éternel.

J'entends, parce qu'il est un point de la terre qui a la voix de mon père et celle de ma mère.

J'aime et je me sais vivant, parce qu'il est un point de la terre qui m'a pétri de sa foi et de son amour.

Ce point de la terre, ce « chez nous, au village », c'est mon père et ma mère, mes geddos et mes tétas (2), et la vie de tous les villageois, d'avant et après moi, déployée autour de moi, vaste et profonde comme une forêt qui s'étire vers les étoiles.

C'est ma maison, d'autant plus vibrante qu'elle s'entremêlait aux autres maisons.

C'est ma première prière, balbutiée sur les genoux de ma mère, ses mains joignant les miennes.

C'est la cloche de notre petite église, qui tintinabulait comme une campanule, frôlée par la brise.

C'est nos vergers en courbes d'horizon et tout être et toute chose qui ont ouvert mon cœur à tous les autres cœurs.

Et lorsque mon cœur, un long moment fermé par la guerre, sombrait dans l'oubli de vivre, ce « Chez nous, au village » entreprit patiemment de le ramener à la lumière.

Il s'imposa à lui pêle-mêle, au rythme capricieux des souvenances, avec son langage imagé et sa simple adhésion à la vie.

Il lui redonna le goût d'un monde où la

2. Téta : grand-mère.

moindre chose avait une importance et un sens particuliers, où chaque nom était une histoire, où le temps, ignorant les dates, ne se mesurait qu'au flux des saisons, aux bonheurs et aux épreuves des paysans.

Et, surtout, il lui donna de pouvoir communier avec Jad, petit garçon d'un autre village dévasté, parlant le même langage, ébloui des mêmes paysages, inondé de la même source d'amour, épris de la même douceur et de la même paix.

*

Aussi longtemps que je vivrai, la guerre restera pour moi l'incarnation de l'enfer.

Elle m'a appris la mort à un âge où j'étrennais à peine la conscience d'exister.

Elle m'a appris l'abîme du « jamais plus », alors que la présence des miens me semblait aussi éternelle que leur amour.

Elle m'a pris mon village, ma maison, ma famille.

Elle m'a jeté, moi et combien d'autres, sur les chemins de nulle part avec, pour tout bagage, le froid d'un dépouillement brutal et des souvenirs minés par la souffrance, la distance et le silence, la soif de la densité d'une présence, des gestes qui tissent la tendresse, des mots qui la parent d'un diadème.

Je ne savais pas que c'était si fragile, un village. Je ne savais pas que l'on pouvait abattre des maisons et des gens aussi facilement que des quilles. Ma mère ne me l'avait pas dit, elle qui me racontait le paradis et les étoiles.

Ah ! sa main inerte et glacée au milieu des décombres. Cette main tout à coup muette et étrangère dans ma menotte d'enfant.

Sa main morte.

Je me mis à hurler pour la supplier de se réchauffer. De me réchauffer. Je regardai autour de moi. Où était ma maison ? Où était mon père ? Où était Youssef, Lamia, Milad et Hala, mes frères et mes sœurs ? Où étaient mes geddos et mes tétas ? Engloutis, eux aussi, dans le silence de la mort ? Pourquoi ne me répondaient-ils pas, eux dont la seule voix me faisait palper de la tendresse ? Pourquoi me laissaient-ils seul, moi, le plus petit, moi, leur tout petit ? Je ne pouvais vivre sans eux. Ils étaient ma vie, mon souffle, mon présent et mon toujours. Pourquoi me laissaient-ils seul ?

Seul !

Leur silence me submergea comme une marée de mort. Alors, je hurlai à la mort. Je hurlai jusqu'à ce que tout mon être fut pris dans la main glacée de ma mère...

Jusqu'à ce que ma voix rejoignit son silence.

Du jour au lendemain, je me retrouvai dans un orphelinat. Comment y suis-je arrivé ? Qui m'y a emmené ? Je ne m'en souviens pas. Je revois seulement la grande porte qui se referme sur deux silhouettes grises.

De toute façon, il bruine et tout est gris : le ciel, la grande maison où l'on vient de me déposer, les visages encadrés de fichus des religieuses, leurs voix que je ne connais pas, le silence des corridors longeant des portes fermées, ma peur, mon immense dépaysement.

J'entends comme une plainte d'une infinie tristesse. Est-ce la porte ou mon cœur qui grince sur ses gonds ?

Je fixe, immobile, les deux battants gris.

Immobile, me semble-t-il, pour l'éternité.

Je n'ai plus de corps et plus d'âme, puisque je ne me sens relié à rien de vivant.

Au-delà de cette porte, il y a... il y avait ma vie.

En deçà, je ne sens que le vide d'un nulle part, gris et sourd comme un glas perdu dans le brouillard.

Pourquoi bouger ?

Marcher, c'est aller vers quelqu'un ou quelque chose.

Regarder, c'est reconnaître quelqu'un ou quelque chose.

Ecouter, c'est entendre ou attendre quelqu'un ou quelque chose.

Et rire, et courir, et chanter, et jouer, et prier, et chahuter... et dire dans un cri d'éclatante certitude : « Maman, je t'aime ! Est-ce que tu m'aimes ? »

Maman !

Désormais je ne pouvais t'aimer que dans la désespérance, et cela était pire que la nuit la plus noire.

*

On me parla, sans doute. On m'embrassa, sans doute. Je ne m'en souviens pas. J'avais trop froid. Et trop mal.

On me fit longer un couloir désert. On ouvrit une porte. On me fit traverser une salle déserte dont le silence ressemblait trop à celui qui avait suivi la destruction de mon village. Un silence inhabité de gouffre sans fond. Un silence sans pensées et sans promesses. J'avais l'impression d'avancer dans du vide.

On ouvrit une autre porte sur un autre couloir qui débouchait sur un préau. Le vacarme me saisit comme une explosion. Jamais je n'avais vu tant d'enfants jouer dans espace aussi réduit.

Chez nous, la cour de l'école s'ouvrait sur les bois. Quand il pleuvait, nous enfilions nos anoraks, capuchons au vent, et nous foncions sous l'averse. Les petits montagnards sont solides. Ils ne craignent pas les intempéries. Juchés sur un rocher, nous jouions à l'arche du déluge. Tour à tour girafes, lions ou dinosaures, nous laissions au Noé de l'heure le soin de hisser sa passerelle, tandis que nous nous balançions en chœur pour simuler la houle. Nous avions des centaines de jeux pour la pluie et si l'orage grondait, nous savions qu'il fallait éviter l'abri des arbres, à cause de la foudre.

Mais qui d'entre nous cherchait à s'abriter ? Elle était trop bonne, l'eau que déversaient les nuages, et qu'il était bon de lui offrir nos visages pour boire à même le ciel. Je ne sais pourquoi cela nous donnait un sentiment de liberté et de légèreté encore plus grand que de courir au soleil.

Ah ! tournoyer dans la bourrasque, être prêle géante et ployer au vent ou barque qui tangue sur des flots blancs, être écume, être flocon, être arc-en-ciel et s'inscrire en couleurs d'alliance entre l'orage et l'éclaircie, être ruisselet levé de murmure et contourner les pins jusqu'au sentier qui court au village, jusqu'au feu pétillant qui vous attend à la maison, avec la feinte indignation de maman : « Mon cœur se trouve-t-il suffisamment trempé pour enfin daigner rentrer ? Je vais te mettre à égoutter sous l'auvent, comme un parapluie ».

Ah ! être soudain parapluie, étendre les bras et les rabaisser pour s'évaser et se replier, et s'ébrouer en « floc, floc, maman, tâte-moi un peu, tu verras que je suis presque sec. S'il te plaît, ne pourrais-tu pas me ranger directement à l'intérieur ? »

Et le rire de maman, léger, si léger et tendre, si tendre, qu'on en oublie de jouer pour se jeter dans ses bras tout de suite et tel qu'on est : dégoûlinant de pluie et de bonheur.

Tel qu'on était hier...

Présent, infiniment...

Vivant, infiniment...

On appela très fort pour dominer le vacarme :

« Jad, Jad, Nassim est là ! Viens vite l'accueillir ! »

Dans la masse confuse d'enfants qui passaient et repassaient en courant, je distinguai un petit garçon qui se hâtait vers nous en souriant.

« Soir de Bien, Nassim », dit-il.

Il hésita un long moment puis il ajouta très bas :

« Si tu veux, on sera amis. Je sais, tu as perdu ta voix, mais qu'est-ce que cela peut bien faire ? On peut parler autrement, tu verras ».

Qu'est-ce que cela pouvait bien faire, en effet ? J'avais perdu bien pis. J'avais TOUT perdu... jusqu'à l'enchantement de la pluie, et la voix de ce petit inconnu aux grands yeux sombres me parvenait comme en rêve.

Oh, Jad ! A quoi bon parler si les miens ne pouvaient m'entendre ?

A quoi bon parler si je ne pouvais entendre les miens ?

Jad m'entraîna par la main. Je le suivis par la force des choses. Parce que, désormais, aller d'un côté ou de l'autre, avancer ou reculer, c'était du pareil au même.

Mes pas ne m'appartenaient plus qui avaient perdu le chemin de ma maison.

*

L'orphelinat. Une immense cage au plus creux d'un vallon. Aurais-je pu m'accoutumer à ce monde incroyablement carré, compartimenté et rangé si je n'étais noyé dans l'absence des miens ? Rien, absolument rien n'y ressemblait à chez nous, pas même la propreté, aussi inodore et raide qu'un mur blanchi à la chaux.

Les premiers soirs je reniflais les draps, à la recherche d'une senteur familière. Ah ! comme je l'aurais aspiré, ce bleu parfum de lavande, empreint de soleil et de bourdonnement d'abeilles. Avec ma mère et mes sœurs nous en cueillions des brassées que nous égrenions comme épis de blé, sur des plateaux d'osier. Maman renouvelait alors le contenu des sachets qu'elle nichait dans les armoires, et c'est ainsi que nous humions l'été en plein cœur de l'hiver.

On m'octroya une place au dortoir, une place au réfectoire, une place en classe, une place à l'étude, une place à la chapelle.

Je m'octroyai une place dans un coin de la cour de récréation, sur un banc de pierre, toujours le même.

On me donna de nouveaux habits. Je portai un pantalon et une chemisette que maman n'avait ni choisis, ni lavés, ni repassés. Il ne me restait plus rien de chez nous. Ainsi fut accomplie la rupture définitive avec les miens.

Je revoyais ma mère devant sa corbeille de linge à repriser. Elle examinait une chaussette et s'écriait :

« Allah, que mes petits sont experts en gros trous, *inchallah* que tout enfant soit gardé à ses parents ! »

Elle passait et repassait son aiguille en une reprise parfaite et puis... comment pourrais-je jamais l'oublier... elle déposait un baiser sur la chaussette réparée, avant de la ranger.

C'était cela, ma mère : un jaillissement de bonheur pour tout son entourage. Elle ne nous habillait pas seulement de vêtements. Elle nous habillait de son regard, de la douceur de sa voix et de ses gestes, des baisers qu'elle nichait dans ses corbeilles comme la lavande dans ses armoires.

Elle disait : « Qu'il est beau et bon le basilic de mon jardin ! Viens près de moi, que je te goûte un peu ! »

Et mon père riait : « O femme, quand tu auras fini de déguster tes enfants, pourrais-tu me dire où tu as rangé ma veste ? »

O ma mère, que suis-je devenu, après toi, pour les autres ? J'étais beau et bon par toi qui me parais de tendresse. A l'orphelinat je ne pouvais être le petit basilic de personne. Je n'étais plus qu'un grand garçon capable de se débrouiller tout seul.

Un grand garçon de sept ans, maman, on ne le prend plus sur ses genoux. On lui parle raisonnablement. On l'aime raisonnablement. C'est la logique même, puisqu'il a l'âge de raison.

Avec l'âge de raison, maman, perd-on aussi l'âge de la tendresse ?

Comme on finit par perdre ses dents de lait ?

Les premiers temps je vivais dans une sorte de dédoublement étrange. Rien ne me semblait réel, ni moi ni les autres. Hébété et docile, je m'engageais dans un quotidien que la cloche de l'orphelinat, telle une scie mécanique, débitait en tranches d'une morne régularité.

Elle résonnait et nous défilions à la queue leu leu de dortoir en couloirs, de couloirs en réfectoire, de réfectoire en salles de classe...

Elle résonnait et nous fermions nos livres de grammaire pour étaler nos fiches d'arithmétique.

Elle résonnait et les sœurs qui me faisaient l'effet de toujours courir après quelque chose – le temps, peut-être ? – battaient des mains :

« Dépêchons, les enfants, dépêchons ! »

Elle résonnait et je sursautais, abasourdi par sa stridence et sa raideur.

Je sais bien que cela se passe ainsi dans toutes les écoles. Mais là, cette cloche de malheur nous maintenait au trot du lever au coucher. Pas moyen de lui échapper après les heures de classe. Elle n'était que rappel et sommation. Que n'avait-elle, du moins lorsque nous nous rendions à la chapelle, ce son d'appel de la cloche de chez nous, léger, souple et libre comme un vol d'hirondelle ?

Et vers quoi nous hâtions-nous, heure après heure, jour après jour, mois après mois ?

Vers qui ?

*

Aurais-je pu m'accoutumer aux sœurs ? Je ne sais pas. Je ne les voyais pas. Non seulement la douleur me rendait aveugle à tout nouveau visage, mais entre elles et moi, entre les autres et moi la mort avait creusé des espaces si grands, si vides, que toute communication m'était alors impossible. Je ne percevais que des ombres et je ne me demandais même pas ce que nous faisions tous là, dans ce décor clos où la vie semblait tourner en rond, martelée par une abominable cloche.

*

Je me disais encore parfois :
« Demain... quand je serai grand... ».

Je le répétais comme ça, pour me dire quelque chose... quelque chose d'absolument étranger à aujourd'hui. Mais ma pensée n'avait aucune résonance, parce que « demain » me paraissait aussi effiloché et muet qu'une brume d'automne. Je n'arrivais plus à imaginer qu'un jour je serais vraiment grand et que je pourrais changer le cours de mon existence. Il me semblait que le temps s'était figé sur ma détresse d'orphelin, me condamnant à demeurer éternellement petit, éternellement silencieux et docile, le cœur et la gorge éternellement noués.

Pourtant je ne pleurais pas. Jamais le jour. Jamais devant la multitude de regards qui scrutaient mon silence. Leur nombre m'effrayait et qu'aurais-je pu leur dire ? J'attendais la nuit et leur sommeil pour rejoindre les miens, là-bas, chez nous au village où convergeait jadis toute la lumière du monde, parce que leur amour était en moi et autour de moi, me nourrissant de bonheur.

Mais la nuit j'avais peur de l'obscurité et des présences invisibles que je sentais rôder autour de mon lit. Mon imagination affolée croyait percevoir le diable, la guerre et la mort : trois squelettes étrangement semblables, noirs comme l'enfer d'où ils sortaient à coup sûr. Ils me fixaient dans un ricanement d'autant plus sinistre qu'il demeurait inaudible. Je tremblais d'épouvante sous mes couvertures. J'étouffais mes sanglots en appelant ma mère. Je savais qu'elle ne me répondrait plus jamais. Mais je savais aussi, d'une manière inexprimable, qu'elle habitait en moi, ou plutôt qu'elle n'habitait plus qu'en moi qui l'invoquais à chaque seconde, et je la retenais de toute la force de ma douleur, comme le seul souffle qui me reliait encore à la vie.

*

Jad, c'est à toi et c'est pour toi que j'écris.

Parce qu'après la disparition des miens, tu es le seul à m'avoir aimé avec un cœur de mère.

Oui, Jad, avec un cœur de mère.

Et pourtant tu n'avais que sept ans. Comme moi. Et tu étais orphelin. Comme moi.

Seulement toi, il te restait ton père. Réfugié, sans travail, sans ressources, blessé...

Mais vivant !

Il était ton espérance. Tu savais qu'il t'emmènerait aussitôt guéri. Ensemble, rêvais-tu, vous trouverez une chambre et du travail. Tu n'étais là que de passage, puisant ta vitalité et ton bonheur dans l'avenir, tandis que moi, je stagnais dans un passé mort.

Tu étais doux et vif comme un écureuil.

Et bavard !

Allah, que tu étais bavard !

Tu m'as dit, plus tard : « Il fallait bien que je parle pour deux ».

Tu n'as pas ajouté : « Et que j'aime aussi pour deux. Et que je vive pour deux ».

C'est pourtant ce que tu as fait. Et c'est pourquoi j'affirme que tu m'as aimé avec un cœur de mère.

Quand un petit garçon se lève la nuit parce qu'un autre petit garçon pleure, qu'il l'entoure de ses bras en lui disant simplement : « Pleure, Nassim, mais moi je vais te sourire parce que... Oh ! si seulement je pouvais être ta mère rien qu'une seconde, au moins quand tu pleures ! »

A sept ans, Jad, c'est le summum de la compréhension, du partage... de l'amour.

Et tu souriais, Jad. Avec des larmes dans tes yeux et dans ta voix, mais tu souriais. Bravement, chaudement, merveilleusement.

En classe, au réfectoire, à la chapelle, on m'avait placé près de toi. Au dortoir, tu occupais, à ma droite, le lit voisin du mien.

A ma gauche, le mur. Ainsi je pouvais me détourner de toi sans me heurter au regard de quelqu'un d'autre.

Mais qu'est-ce qui aurait pu arrêter ton bavardage ? Même seul sur une île, tu aurais parlé aux flots, aux nuages, au vent, à toi-même.

Est-ce pour contrebalancer ma mutité que les sœurs nous avaient placés côte à côte ?

Ou est-ce à cause de ta douceur et de ta gentillesse si évidentes, si vraies qu'elles seules pouvaient ébrécher mon silence ?

*

Ma première nuit à l'orphelinat fut terrible. A l'autre bout du dortoir, juste au-dessus de la porte, la veilleuse n'était qu'un point blême bien trop minuscule pour dissiper l'obscurité. Les lits alignaient sur trois rangées leurs couvertures cendrées. Ils me rappelaient des pierres tombales et, la panique aidant, je finis par me persuader que je dormais dans un cimetière. Je claquais si fort des dents qu'il me sembla que j'allais réveiller tous ces morts, dont le souffle, pourtant profond et sonore, aurait dû me rassurer.

Jad, connaissais-tu les hallucinations d'une première solitude dans un lieu étranger, peuplé d'ombres étrangères ? Tu t'es levé avec des précautions de Sioux. La lenteur de tes gestes et ton pyjama trop grand dont les manches pendantes oscillaient dans l'obscurité te donnaient l'aspect d'un fantôme. Tu as levé les bras pour me faire signe. C'en était trop. J'aurais hurlé si j'avais encore ma voix. Je me tassai un peu plus sous mes couvertures, creusant le matelas de tout mon poids, espérant pouvoir m'y enliser, convaincu que tu allais me happer et me transformer en spectre, moi aussi.

Si je savais qu'on pouvait se tuer, j'aurais sauté par la fenêtre. Pour t'échapper. Pour fuir ce cimetière. Pour fuir l'intolérable solitude. Pour abolir la terreur. Pour retrouver les miens, n'importe où, même dans un autre cimetière, pourvu que j'y fusse avec eux. Au milieu d'eux. Entouré par eux.

La main glacée de ma mère valait mieux que ce lieu hanté. Avant qu'on ne m'arracha à elle, je n'en sentais déjà plus le froid, puisque j'étais moi-même pétrifié, aussi glacé qu'elle...

Mais encore avec elle !

Son corps brisé, son visage brûlé étaient devenus mon corps et mon visage. Et c'est ainsi que je me percevais,cette première nuit, écartelé, ensanglanté, totalement abandonné à la mort, tandis que tu agitais tes manches au-dessus de mon lit.

Mais je ne savais pas qu'on pouvait se tuer. Personne n'avait jamais parlé de suicide devant moi. Je ne pouvais que trembler en appelant l'image brisée de ma mère.

Et puis, j'entendis enfin ta voix : « Ecoute-moi, Nassim, je t'en supplie, écoute-moi ! Je ne peux pas parler plus fort, sœur Marie arriverait en courant. Déjà qu'elle vient toujours voir les nouveaux avant de se coucher pour de bon. Tu as peur ? Moi aussi, j'ai toujours peur. la nuit. Et j'ai pleuré, *Ya Mar Elias* (3), ce que j'ai pleuré, les premiers temps. Et j'ai appelé maman, *Ya Mar Elias,* ce que j'ai pu l'appeler. Ecoute, Nassim : plus tu t'endormiras vite, moins longtemps tu trembleras. Récite une prière. Ma maman disait... elle disait... »

Je ne sus jamais ce que disait ta mère pour conjurer les terribles visions d'un orphelin de guerre. Sœur Marie apparaissait au fond du dortoir et toi, plus preste qu'une souris, tu te faufilais entre tes draps. Elle était encore loin que tu dormais profondément, avec cette faculté que tu

3. *Ya Mar Elias* : O saint Élie.

gardes encore de plonger sans transition dans le sommeil, au milieu d'une phrase, d'un geste et parfois d'un rire.

Quant à moi je fermai les yeux, toujours aussi seul, toujours aussi malheureux. Aucune prière ne revenait à ma mémoire investie par la mort. J'essayai, pourtant. La main de sœur Marie effleura mes cheveux. Je ne bougeai pas. Elle poursuivit sa ronde et j'entendis son chapelet cliqueter. Une prière ? Mes lèvres entamèrent machinalement un *Je te salue, Ma...*

Ma... comme maman !

Ma maman brisée. Ma famille brisée. J'essayai de ne plus y penser, mais les bombes explosaient dans ma tête. Je revoyais des pans de maisons vaciller et s'écrouler, et plus intolérable que tout : les corps des miens baignant dans leur sang.

Alors je m'abandonnai au délire, récitant jusqu'à ce que l'épuisement me livra au sommeil :

« Je te salue, maman, morte, morte, morte, dans les siècles des siècles ».

*

L'orphelinat grouillait d'orphelins, naturellement, et de cas sociaux.

La première fois que Ramzi, petit môme indiscipliné et bagarreur comme pas un, se planta devant moi pour me lancer avec superbe : « Je suis un Cassocial (c'est ainsi que je l'entendis) ! et toi, qu'est-ce que tu es ? » je restai interdit, le prenant pour un sultan d'une espèce inconnue des MILLE ET UNE NUITS.

Le propre de la guerre étant de tout chambouler (j'en subissais très sensiblement les conséquences), qu'est-ce qui empêchait un fils de prince de se trouver interné avec des enfants ordinaires ? Je dévisageai Ramzi sans déguiser ma curiosité, déçu de constater que rien ne le différenciait du commun des mortels.

Je ne pouvais lui dire : « Moi ? Je suis

fils de paysan ! » puisque je ne parlais toujours pas. Jad vint à ma rescousse et laissa tomber avec emphase :

« Lui, c'est un DOUBLE orphelin ! »

Double, *Ya Mar Jériès* (4), comme cela résonna tranchant et définitif dans le silence qui suivit.

« Ah ! » fit enfin Ramzi, visiblement vexé de se trouver à court de réplique.

« Ah ! » fit ma bouche grande ouverte, exhalant le coup qui m'atteignait droit au cœur.

Se méprenant sur mon expression, Jad s'empressa d'expliquer :

« Les cas sociaux, ce sont les enfants qui ont des parents qui ont des problèmes ».

Je n'étais guère plus avancé. Des problèmes, tous les adultes en avaient, de plus ou moins sérieux, de plus ou moins compliqués. Chez nous les gens essayaient de les démêler ensemble, ce qui, parfois, lorsque les avis oscillaient d'un extrême à l'autre, les entortillait davantage. Mais en fin de compte chacun finissait par « mettre sa

4. *Ya Mar Jériès* : O saint Georges.

raison dans sa tête » et les choses reprenaient leur paisible dimension de tous les jours.

A part la mort et les maladies incurables (nous n'avions pas encore l'expérience de la guerre), tout était arrangeable, des pertes matérielles aux querelles et aux espoirs déçus. A ma connaissance, jamais personne ne se trouva affublé d'une appellation aussi tarabiscotée que « cas social » et jamais enfant ne fut séparé de ses parents pour cause de problèmes.

Sur le moment j'enviai le « Cas social » que représentait Ramzi. Avec ou sans problèmes, ce chanceux se trouvait toujours nanti de parents. Je ne comprenais pas ses airs de défi et sa révolte continuelle, alors qu'il eût dû exulter, danser de joie. Un jour ses parents viendraient le chercher, comme ce père dont Jad ne finissait pas de chanter la tendresse.

Jad évitait Ramzi (son fatiguant voisin de droite, ainsi qu'il l'appelait), parce que tout en lui respirait la violence. Il aimait trop le tapage, la provocation, la bagarre, et n'en faisait qu'à sa tête.

Je le revois criant à sœur Marie, je ne

sais plus à quel propos : « Laisse-moi tranquille, tu n'es pas ma mère ! Je n'ai besoin ni de toi ni de personne ! »

De personne, Ramzi ? Une nuit, nous t'avons entendu appeler ta maman. Une plainte d'enfant délirant qui nous glaça le cœur. Jad qui bavardait tranquillement se retourna de ton côté, prêt à passer outre tes rebuffades. Mais tu dormais. Tu suppliais dans ton sommeil et Jad me chuchota :

« C'est drôle, tu ne trouves pas ? Quand on lui demande où vivent ses parents, il répond que ça ne nous regarde pas, ou bien qu'ils sont malades, ou bien qu'ils lui préparent une maison merveilleuse avec une chambre pleine de jouets et que quand il ira avec eux, il fera ce qu'il voudra, du matin au soir. Tu veux que je te dise ? Il ment. Et tu veux que je te dise ? Il ment parce qu'ils ont des problèmes et qu'il ne sait pas s'il pourra jamais être avec eux. Et tu veux que je te dise encore ? Il me fait peur parce qu'il ne pense qu'à cogner. Ma maman elle n'aimait pas ça, mais elle disait que ceux qui cognent, ce sont des fois des gens malheureux qu'il faut aider. Mais Ramzi, il n'écoute personne. S'il était réveillé, il m'aurait crié de le laisser tranquille ».

Jad se tut un long moment et je le crus endormi, mais soudain il se redressa sur son coude et eût cette phrase étonnante, proférée par un petit garçon de sept ans :

« Tu veux encore que je te dise ? On dirait qu'il ne veut pas qu'on l'aime et ce n'est pas facile d'aider quelqu'un qui ne veut pas qu'on l'aime ».

J'aurais voulu pouvoir demander à Jad si les gens qui faisaient la guerre étaient des malheureux qui refusaient d'être aimés. Mais non ! la guerre était trop horrible. Seuls des monstres pouvaient tuer comme ça et tout démolir.

Je me rends compte à présent que malgré les très perspicaces : « Tu veux que je te dise ? » de Jad, nous étions loin de saisir la profonde détresse de Ramzi.

Avoir des parents et ne pouvoir vivre avec eux parce qu'ils ont des problèmes... se sentir rejeté, abandonné, et se raconter des histoires qui en dénient l'évidence... construire son avenir en châteaux de sable que l'on sait pertinement voués aux vagues destructrices de ces « problèmes »... attendre ce qui n'a jamais existé et n'existera peut-être jamais... tout cela est trop lourd, si lourd qu'on le résume avec défi et fierté pour ne pas éclater de douleur :

« Je suis un cas social ! »

Oh ! Ramzi, Jad et moi étions trop petits pour comprendre ton « problème », sinon nous t'aurions entouré ensemble et malgré toi, pour que tu aies moins froid.

Mais qui peut combler le vide d'un abandon ?

Je pouvais rêver à mon passé et Jad enjoliver le sien d'un demain rempli de projets. J'avais été aimé, il était encore aimé. Cela, au moins, nous le possédions réellement. Nous n'avions pas besoin de nous inventer des histoires pour pallier l'inexistant.

Oh ! Ramzi, c'est toi qui aimais dans l'absolue désespérance. Pas moi.

Mais je ne le savais pas.

Aujourd'hui, Jad et moi t'évoquons avec tristesse... et tendresse : ce mot qui te faisait ricaner. Nous espérons que quelque part sur ta route, tu as trouvé cette tendresse dont le manque t'empêchait de t'aimer toi-même et de croire en notre amitié.

A part Jad et forcément Ramzi dont les éclats se voulaient spectaculaires, je ne regardais toujours personne.

Très vite Jad devint mon porte-parole privé et officiel. Je ne sais quelle bienheureuse intuition lui permettait de me déchiffrer couramment. Je pense que c'est là une des grâces de l'amitié enfantine dont le langage de la raison n'a pas encore escamoté celui du cœur. En tout cas cela convenait à tout le monde, y compris les sœurs auxquelles je prêtais à tort le dessein de supplanter ma mère dans mon amour. Pourquoi ? Je ne saurais vraiment le dire. Peut-être à cause d'une invite prématurée et maladroite à me réjouir de l'éventail de mères que m'offrait l'orphelinat ? En vérité, trop d'incohérences nous échappent qui souvent déterminent notre appréhension des êtres et des choses. Toujours est-il que l'idée même d'une possible comparaison entre elles et ma mère me paraissait du dernier sacrilège.

Morte, ma mère restait ma mère. C'est elle que je voulais, elle que je pleurais, elle, l'unique, l'irremplaçable qui portait en son être la parfaite connaissance de mon être et dont « le cœur m'avait vu, bien avant que ses yeux ne me voient » (5).

5. Proverbe libanais.

Je voulais ma mère et je voulais aussi mon père, mes deux frères et mes deux sœurs, ma famille, ce nid radieux au sein duquel nous nous sentions tous si chaudement emmitouflés, si délicieusement vivants.

Eux partis, le monde entier n'avait plus le moindre sens et moi encore moins.

Aux patientes avances des sœurs j'opposais un visage baissé, allant jusqu'à clore obstinément les yeux lorsqu'elles tentaient une approche directe. J'entendais leurs soupirs désolés et je n'en avais cure. Ils me parvenaient de trop loin. Se fiant au temps guérisseur de bien des plaies, elles se résignèrent à questionner Jad :

« A-t-il suffisamment mangé ? Aime-t-il les pommes ? Il est bien pâle, tout à coup. Crois-tu qu'il se sente mal ? A-t-il compris la leçon de grammaire ? »

Jad répondait oui... non... mais non, pas du tout !... il n'a pas compris le passé simple... il a fini son devoir de calcul, etc.

Ces dialogues me semblaient concerner un enfant absent et lorsque Jad étayait ses réponses de « n'est-ce pas, Nassim » ? il ne me venait même pas à l'idée d'acquiescer d'un signe de tête. Il pouvait dire n'importe quoi : seule sa présence comptait. Auprès de ce petit garçon, vif et bavard, je me sentais un peu moins angoissé et perdu. Deux semaines ne s'étaient pas écoulées depuis mon arrivée à l'orphelinat, que je collais littéralement à ses pas. Il ne s'en plaignit jamais.

Un samedi après-midi, alors que nous attendions notre « tour de bain », il me montra une photo de sa mère.

« Ma maman était la plus belle maman du monde, dit-il. Je n'arrive pas à penser qu'elle est morte et que je ne la reverrai plus. Tu sais, je ne l'ai pas vue morte, ni elle ni ma petite sœur Gihane qui est partie avec elle. J'étais à l'école quand c'est arrivé. Et mon papa, il a été blessé. Il y a eu trop de morts chez nous, ce jour-là. C'est pourquoi mon papa a été obligé de me mettre ici. Tu sais, j'ai voulu mourir, moi aussi ».

Il rangea la photo dans un livre de prières qu'il gardait sous son oreiller et se mit à pleurer sans bruit. Evidemment, je pleurai avec lui, de la même immense douleur qui nous donnait envie de mourir là, tous les deux, assis par terre entre nos deux lits. Au bout d'un moment, Jad déposa son livre sur mes genoux et dit :

« C'était le livre de prières de maman. Mon papa me l'a donné pour que j'aie quelque chose d'elle. Tu sais, ta maman aussi était sûrement la plus belle maman du monde et c'est terrible de n'avoir aucun souvenir d'elle. Si tu veux, on partagera mon livre. Un peu toi, un peu moi. Tu verras, il y a plein d'images, là-dedans. Oh ! je déteste la guerre ! Demain, quand je serai grand, je ferai n'importe quel travail contre la guerre. Tu crois que ça existe ? En tout cas, on le fera ensemble. Mon papa, il sera sûrement d'accord ».

Jad parla encore longtemps, mais je ne l'écoutais plus. Je caressais le livre d'une main reconnaissante. Il ressemblait à s'y méprendre à celui qu'utilisait ma mère et c'était comme si Jad m'offrait quelque chose qu'elle avait touché.

*

En classe, Jad excellait sans paraître se fouler les méninges, tandis que je suivais péniblement, autant dire : pas du tout, la tête dodelinant sur mes livres et l'esprit en vadrouille. J'étais tenu de réciter par écrit des bribes de leçons dont je ne retenais pas un traître mot. Entre-temps je pouvais donner libre cours à mes rêveries, sans crainte d'être surpris par une quelconque interrogation.

« Ecris donc, m'encourageait Jad. Comment est la terre ? Tu le sais bien, voyons, elle est ronde comme une boule ».

Sûr, que je le savais. Mon geddo me l'avait dit, là-haut, sur la colline. Par exemple, il m'était très difficile d'admettre que le monde entier tenait sur une boule flottante, sans jamais basculer dans l'espace. La « force d'attraction » (j'avais d'autant mieux retenu l'expression qu'elle traduisait quelque chose de fantastique) me restait un mystère. Mais je croyais mon geddo sur parole. Tout ce qu'il disait revêtait pour moi « force de vérité ».

Au lieu d'écrire, je mâchouillais mon bic, m'abandonnant à mes interrogations personnelles :

« La terre est ronde comme une boule. Et mon village, avec sa colline ronde comme une demi-boule, est une miette de la terre. Une miette anéantie.

Etait-il possible qu'il n'y eût plus personne, là-haut ? Le soleil se levait-il encore du côté de nos montagnes ? Baignait-il de lumière les pierres calcinées de nos maisons ? Quel éclat pouvait-il garder en passant au-dessus d'un village mort ? »

Je voyais un soleil noir enveloppant le silence pétrifié de notre « chez nous » et la peur, de nouveau, ravageait mes entrailles. Dans ce froid silence où je m'enfonçais, le souffle oppressé et le cœur me battant aux tempes, le chuchotement indigné de Jad m'explosait aux oreilles :

« Quoi, tu n'as pas encore écrit ? Où as-tu la tête ? C'est un zéro que tu cherches ? »

Mon regard tâtonnait vers lui, comme la main d'un noyé vers la barque qui dérive à ses côtés.

« *Ya Mar Elias !* soupirait-il, je parie que tu étais encore là-bas ! (son bic courait sur une feuille volante) ! copie ça et écrase l'accélérateur, je te prie ! »

Eh ! oui, face à mon inertie, Jad, si loyal en temps ordinaire, ne trouvait d'autre alternative que de tricher.

Il trichait par amour, n'en déplaise à tous les surveillants du monde et, chose étrange, ni lui ni moi n'avions la conscience de mal faire. Je recopiais docilement ses griffonnages avec (je lui devais bien ça) beaucoup d'application.

Un soir, cependant, il m'expliqua :

« Ecoute, Nassim (c'est toujours ainsi qu'il préludait à ses discours sérieux). Ecoute, Nassim ! tu ne fiches rien et peut-être que tu n'y peux rien. Je triche et quelque chose, là (il cogna sa poitrine de son poing fermé), me dit que maman ne m'aurait pas grondé si je lui avais raconté. De toute façon, quand mon papa viendra, je lui raconterai. Il ne me grondera pas, j'en suis sûr, sauf que peut-être ça ne lui fera pas très plaisir.

Ecoute, Nassim ! un jour tu reparleras et tu seras bien obligé de réciter tes leçons. Hier, à la visite médicale, je suis passé juste après toi, tu te rappelles ? Et quand je suis entré, le docteur disait à la sœur que tu n'avais rien d'abîmé, que ta voix pouvait revenir n'importe quand, qu'il fallait patienter. Et puis la sœur a dit : « Tiens, voilà Jad, son ami ». Et puis le docteur m'a demandé si tu ne disais jamais au moins un mot quand on était seuls et si tu pleurais beaucoup, et tout, et tout...

J'ai dit : « Non, il ne parle ni en vrai ni en dormant », mais depuis hier, il y a beaucoup de choses qui tournent dans ma tête. Je pense, *Ya Mar Elias,* combien je pense ! Je ne peux pas tout te dire, mais je vais te dire une chose : je triche parce que si tu n'as pas tes moyennes, tu doubleras ta classe. Et si tu doubles, pense un peu, des fois que je serai encore là, l'année prochaine, nous ne serons plus dans la même classe. Tu peux imaginer ÇA ? Tu ne pourrais pas te forcer un peu ? »

Non, je ne pouvais pas imaginer ÇA et j'en fus atterré. A cette minute je pris conscience de ce que représentait Jad, pour moi. Il m'était devenu indispensable. Sans le savoir, je l'aimais très fort. *Ya Mar Jériès,* j'aimais à nouveau. J'aimais quelqu'un de vivant que je pouvais voir, entendre et palper. Je m'y accrochais comme un lierre sur le mur d'une maison. Il était devenu ma maison. Et voilà qu'il parlait de séparation et de départ.

Mon cœur se mit à tambouriner d'amour et de désespoir. Que m'importait de doubler, tripler ou même de quadrupler ma classe, puisque de toute façon son père viendrait le chercher. Tôt ou tard, il viendrait. Jad n'en doutait pas et moi non plus. Allais-je me refondre dans la solitude au moment où je voyais luire une étoile ?

Je ne pus réprimer les sanglots qui me secouaient tout entier. Si Jad partait, autant rester muet et, en plus, devenir aveugle, sourd et insensible pour la vie.

Jad glissa hors de ses couvertures et me secoua le bras :

« Ne pleure pas, espèce d'idiot. Je ne te quitterai jamais : je te le jure sur la tombe de ma mère. Tu ne vois pas que c'est pour rester avec toi que je triche ? Et quand mon père m'emmènera, je ne te quitterai pas, non plus ».

Même en me forçant beaucoup, je ne voyais pas comment Jad s'y prendrait pour suivre son père et ne pas me quitter. En attendant je ne fichais toujours rien. A peine assis devant mon pupitre, ma pensée volait vers mon village. Je chassais de toutes mes forces la vision du noir soleil. Je me promenais lentement, voluptueusement, et les maisons que j'avais vues écroulées se redressaient comme par enchantement. Une merveilleuse coupole d'azur s'évasait sur un monde heureux, les jardins refleurissaient, les gens retrouvaient leurs gestes d'avant la mort. J'entendais leurs voix et tous les bruits qui racontent l'animation d'une vie sans guerre.

Allah, que cet autrefois resplendissait dans mon rêve extasié ! Je remontais le temps sur un air de flûte. Tout à coup j'avais cinq ans et je suppliais mon père de me laisser l'accompagner à la ville où il se rendait fréquemment pour affaires.

Il partait par le premier car du matin et ne revenait qu'au crépuscule, les poches de sa veste et de son pantalon remplies de petites surprises que nous repêchions nous-mêmes.

« Une poche pour chacun, déclarait-il en levant les bras, à vous de trouver laquelle ».

Ce n'était pas difficile, car il rangeait ses acquisitions dans un ordre immuable. Ma poche à moi se trouvait à l'intérieur de sa veste, là où il gardait son portefeuille. J'y plongeais une main impatiente, ravi à l'avance d'une petite babiole qui ne me décevait jamais.

Parfois, pendant les vacances, il emmenait l'un ou l'autre de mes aînés. Leur joie était telle que je réclamais mon tour avec insistance, refusant d'admettre que j'étais encore trop petit. Un soir, il céda à mes protestations.

Le lendemain, nous nous levâmes à l'aube, moi, surexcité par ce qui me semblait être le plus extraordinaire des voyages, mon père avec son calme habituel, ma mère, anxieuse et fébrile comme si je partais pour la Chine. Elle m'embrassa, m'appela son âme, sa maison, ses yeux, son cœur, sa vie... lissa mes cheveux de ses doigts plus légers qu'un nuage, traça des signes de croix sur mon front, arrangea le col de ma chemisette et inonda mon père de recommandations :

« Prends soin du garçon. Ne le laisse pas sortir la tête et les bras par la fenêtre du car. Ne lui lâche la main sous aucun prétexte dans les rues de la ville. Tu risquerais de le perdre. S'il est en sueur, ne lui donne pas de l'orangeade glacée. Et si tes amis s'avisent de lui faire boire la moindre goutte d'arak (6) ou de café, c'est ma voix qu'ils entendront. Voilà son panier. Je lui ai préparé des tartines, des fruits et des galettes, *inchallah qu'il m'enterre !* (7) *Ya Mar Jériès,* je ne vivrai pas jusqu'à votre retour ! »

Mon père répondit d'abord calmement : « A ton ordre, ô femme ! Ce que tu dis, sera ! » Mais à la fin il s'impatienta et s'écria : « Cela suffit, ô femme ! Ton fils est aussi le mien. Quoi ! penses-tu le confier à des mains étrangères ? Comme tu le laisses, tu le retrouveras. Après tout, tu me blesses en insinuant que je ne saurais prendre soin de lui. A chaque première fois que je t'emprunte un enfant, on dirait que je t'arrache l'âme – loin de nous le mal ! Comment t'ai-je rendu les autres, dis ? Exactement comme je les avais pris, non ? Raffermis ton cœur, je te prie, et donne-nous ta bénédiction.

6. Boisson nationale à base de raisin fermenté et d'anis.

7. Façon de souhaiter à ceux qu'on aime une bien plus longue vie que la sienne propre.

– Raffermir mon cœur ! s'offusqua ma mère en prenant le voisinage à témoin. O gens ! Voyez-le ! Entendez-le ! Qu'Allah nous vienne en aide sur les hommes, incapables de comprendre les sentiments des femmes.

– Qu'Allah nous vienne en aide sur les femmes ! répliqua mon père en riant ».

Je ris aussi, un peu étonné tout de même, car au village les enfants jouissaient d'une liberté princière. Nous allions où nous voulions, sans escorte adulte. Nous rentrions (en sueur) dans n'importe quelle maison pour boire de grands verres glacés de sirops de mûres, de cerises ou de roses, après avoir gambadé tout notre soûl. Et quand il y avait fête, nous avions droit à un semblant de goutte d'arak, juste de quoi en deviner le goût. Pourquoi l'interdiction de tout cela, en ville ? Et que pouvais-je craindre avec mon père ?

Allah ! que ces souvenirs étaient doux... et qu'ils faisaient mal. Que nous aimions la tendre anxiété de notre mère et la force tranquille de notre père.

« En vérité, disait mon père, une fois installés dans le car, si ta mère ne m'avait pas fait sa scène habituelle, elle m'aurait grandement inquiété. C'est bon qu'une femme ait le cœur sur sa paume. C'est bon pour nous tous ».

Oh, oui ! mon père, c'était bon, c'était délicieux, c'était le miel de notre existence, c'était...

Et cela n'est plus !

La voix de Jad me ramenait malgré moi dans cet autre monde que tout mon être refusait :

« *Ya Mar Elias,* que t'ai-je fait pour que tu me colles cette limace de Nassim ? Tout ce que je lui demande, c'est de copier, et regarde comme il traîne. Je ne peux quand même pas écrire à sa place ! »

*

Au sujet de Mar Elias, Mar Abda, Mar Sassin ou autres saints particulièrement vénérés au Liban, je pense qu'une précision s'impose.

Jad croyait dur comme fer que Mar Elias, Patron de son village, était le plus grand saint des temps passés, présents et à venir.

Je croyais dur comme granit que Mar Jériès, Patron de mon village, ne connaîtrait jamais de rivaux, pas plus sur la terre que dans les cieux.

J'admettais complaisamment la conviction de Jad. Et lorsque plus tard il apprit de quel saint je relevais, sa condescendance égala la mienne.

Après tout, à chacun son village, à chaque village son saint patron et, par conséquent, sa croyance en la suprématie de son élu parmi les élus.

D'autre part, tout le monde sait qu'il est vain de s'adresser au patron d'à côté ou de plus loin, lorsque le vôtre oppose une oreille sourde à vos suppliques. Il a ses raisons qu'au fond de votre cœur vous devinez parfaitement, même si vous feignez de n'y rien comprendre. Et ce n'est pas l'autre qui y pourrait quelque chose ; ne vous bercez pas d'illusions.

C'est que le saint patron d'un village n'est pas « deux grains ». Il vaut son pesant d'encens « et demi », ce qui en clair libanais signifie : et comment donc !

Il trône tout là-haut à la droite du Père... enfin, juste après la Sainte Vierge, s'entend !

Il est plus saint que tous les saints du paradis réunis... mais cela, nous l'avons déjà laissé entendre.

Ses prodiges dépassent en nombre et en qualité ceux de tous les saints du paradis réunis... hormis ceux de la Vierge, seule capable de lui damer le pion à tous les niveaux.

C'est à peine s'il ne conseille pas Dieu lui-même, tant ses vertus et ses pouvoirs sont tout ce que nous venons d'énumérer...

« et démi » ! En tout cas, vous ne pourriez trouver médiateur plus diligent et plus efficace.

Sans lui le village manquerait de quelque chose d'essentiel, quelque chose d'impossible à définir, mais d'aussi indispensable que le pain quotidien.

Cela peut paraître pour le moins curieux aux personnes dont la raison – et la foi ! – ne condescendent que trop rarement à s'offrir un détour par le sentiment. Et cela est bien dommage, car elles se privent d'une qualité de perception, de relation et de bien-être spirituel qu'aucune analyse, fût-elle rigoureusement et parfaitement construite, ne saurait lui apporter.

Quant à nous, Libanais de la montagne, l'irrationnel nous enchante d'une manière telle que nous tenons le cœur pour sens primordial, les cinq suivants, plus la raison, n'étant que de très beaux atouts au service du merveilleux premier.

Mais revenons à nos saints régionaux et s'il est un souvenir qui me replonge en pleine euphorie villageoise, c'est bien celui des fêtes de notre Mar Jériès.

La tradition exige que la veille du jour glorieux, il tonne, vente et pleuve au moins pendant quelques minutes. Nous y voyons, non pas un phénomène naturel dû à la saison, mais une éclatante manifestation de la force de notre saint.

Dès le matin nous scrutions l'horizon, en quête d'un nuage porteur d'orage. Et lorsqu'il fondait sur nos têtes, « nous nous faisions voir », heureux de priver les mar abdiens, mar sassiniens et autres, du plaisir d'insinuer que notre Mar Jériès n'était plus qu'un vieillard impotent.

Si par hasard (cela était rare, car rien n'est plus fidèle qu'une tradition), il ne tonnait pas autour de notre clocher, nous étions prêts à jurer que notre saint cavalait au-dessus d'une autre paroisse de même obédience, mais dont la foi en sa force tanguait quelque peu. Notre foi à nous se passait de preuves, n'est-ce pas ? N'empêche que le dépit pinçait un peu notre amour-propre, très vite consolé par un profond élan de joie et de prières.

Les fêtes, chez nous, se préparaient longtemps à l'avance. Elles commençaient par une neuvaine de messes vespérales, ce qui permettait la présence de tout le village.

Après la messe, debout devant le maître-autel et face à l'assistance, notre *Abouna* (7 bis) nous présentait une grande image encadrée de notre saint, de la même manière qu'il présentait l'ostensoir lors des processions. Devant lui, un enfant de chœur balançait l'encensoir d'un mouvement ample et majestueux qui suivait le rythme des antiennes à la gloire de Mar Jériès, chantées par tout le peuple.

Les enfants s'asseyaient sur les marches du chœur et, parfois, bercés par l'antique mélodie que l'odeur de l'encens et la lumière mouvante des cierges rendaient encore plus profonde et ondulante, certains s'endormaient, la tête sur un bras replié. Les parents venaient alors les recouvrir d'un châle ou d'une veste, pour qu'ils ne prennent pas froid.

Nous nous préparions aussi dans les maisons. Les femmes relavaient les nappes de fête, astiquaient tout ce qui leur tombait sous la main, lavaient à grande eau planchers, portes et fenêtres, pétrissaient gâteaux et galettes, houspillaient les hommes qui ne savaient plus où se garer, fleurissaient tables, consoles et étagères... et l'aurore de la veille du grand jour se levait enfin.

7 bis. *Notre prêtre,* en libanais.

Dès midi et jusqu'à minuit au moins, les deux cloches de l'église sonnaient à toute volée. La gent masculine du village, des petits de cinq à six ans au plus courbé des geddos, se succédait sans relâche sous le clocher.

Elles étaient lourdes à ébranler, ces cloches ! Aussi les enfants s'agglutinaient à leurs cordes, comme un essaim d'abeilles prêt à quitter sa ruche. Et lorsqu'ils dégringolaient tous ensemble, cela formait une mêlée de bras, de jambes, de rires, de cris et de protestations du plus bel effet.

Venaient aussi les marchands des alentours et de plus loin encore, qui envahissaient la place de l'église avec leurs étalages de gâteaux, de pétards, de bâtonnets de feux d'artifice et d'une étonnante variété de jouets miniatures qui nous ravissaient particulièrement ce jour-là.

Allah, quelle animation et quelle explosion de joie dans le crépuscule scintillant de toutes nos lumières ! L'église était pleine à craquer. Nous rentrions et ressortions sans arrêt, un bâtonnet de feu d'artifice dans une main, un bout de coton imbibé d'huile bénite dans l'autre. Ça courait, chantait, priait, se poursuivait, se rattrapait, virevoltait, pétaradait, se saluait, se recueillait de toutes parts. Enfin la messe commençait et finissait dans un remous à donner le vertige. On était loin du recueillement de Noël ou de la solennité de Pâques, mais cette ferveur houleuse et cacophonique ne perdait rien en intensité.

Notre sectarisme patronal ne nous empêchait pas d'aller fêter un autre saint, un autre jour, dans une autre paroisse, et d'y rapporter des grains d'encens et de l'huile bénite. Avec le même respect que chez nous, nous passions la main sur l'image vénérée par nos voisins, avant de nous signer le front, les lèvres et la poitrine. C'est que nous aimions prier, nous aimions nous réunir, nous aimions les foules en liesse, nous aimions rire, danser et pleurer avec ceux qui pleurent, nous aimions offrir des douceurs et en recevoir, offrir la lumière de nos foyers et goûter à celle des autres.

Nous aimions le bonheur simple, celui qui naît d'un rien, parce qu'il est en nous.

On dit qu'il y a des peuples austères, des peuples rationnels, des peuples martiaux, des peuples gais, des peuples de grandeur, des peuples supérieurs, avares, présomptueux et j'en passe...

Nous étions un peuple de bonheur, aussi naïf qu'insouciant et débrouillard, croyant au moindre sourire, accueillant le miraculeux et le merveilleux aussi naturellement que le soleil et la pluie.

Et maintenant, nos villages ne sont plus. Aucun chemin ne nous y mène, hormis ceux du souvenir.

Ya Mar Jériès, que les souvenirs en exil sont déchirants !

*

Non, je ne m'habituais pas à la réalité que m'imposait la guerre. On ne s'habitue pas à la tornade qui plonge un pays entier dans l'épouvante.

Pour l'heure, l'orphelinat se trouvait à l'abri, au creux de son vallon, mais la violence nous y tenait tous en haleine. Par l'écho des explosions qui faisaient trembler les nuits. Par les transistors qu'écoutaient les surveillantes jusque dans la cour de récréation. Par les journaux que les sœurs parcouraient en silence. Par certains enfants qui passaient les fins de semaines chez eux et qui en revenaient avec des récits à vous paralyser l'âme pour la vie. Par les flashes d'information (quand il y avait de l'électricité), dans la salle de rassemblement où nous avions droit aux programmes télévisés du samedi soir.

Au beau milieu d'une histoire quelconque

que nous suivions tous avec un intérêt passionné pour oublier un moment que notre réalité était tout autre, vlan ! l'horreur crevait l'écran, nos yeux, nos oreilles, notre fragile sécurité.

En rouge et noir !

Rouge comme le sang des miens !

Noir comme la fumée qui achevait l'agonie de notre village !

Ah ! j'avais peur et je n'étais pas le seul. Nous savions tous les exodes, les captures et les tortures, les cadavres en pièces sous les maisons écroulées ou sur les routes...

Les enfants qui ne pouvaient même plus pleurer.

J'avais peur, non pas de mourir, puisque je n'avais plus l'impression de vivre, mais de la haine qui s'imposait à moi comme la réalité du monde.

Ah ! mon père, ma mère, qu'est-ce qui était vrai, finalement, de ce trop beau rêve que nous appelions « chez nous », ou de la guerre dont je commençais à connaître le déferlement sur toute la terre ?

N'étiez-vous qu'un rêve, vous qui me

disiez que l'amour est la lumière du monde et qui m'appreniez à joindre les mains comme pour rassembler le ciel et la terre ?

Non, il était impossible d'imaginer tant de chaleur, de tendresse, de bonheur et de soleil, si cela ne nous avait jamais été donné.

Ce bonheur d'autrefois, je le connaissais par la vue, l'ouïe, le toucher, le goût et mille sensations indéfinissables qui donnaient à mon cœur son vrai battement de vie.

Je pouvais dire la douce sécurité de s'ébattre à l'aise dans la tendresse des siens.

Je pouvais dire les taquineries affectueuses de Youssef, mon frère aîné que j'admirais presque à l'égal de mon père, les élans fougueux de Lamia, la curiosité insatiable de Milad qui essaya de démonter jusqu'au fer à repasser de ma mère pour voir comment ça fonctionnait, et la grâce timide de Hala que mon père appelait son chaton en velours.

Je pouvais dire les nuances de chaque aurore se modelant sur les saisons et la paix des crépuscules ouverts sur les étoiles.

Je pouvais dire la mer et le long sillon

d'argent qu'y traçait la lune, lorsqu'elle se levait, ronde et veinée de miel, au-dessus des montagnes.

Je pouvais dire le doux crépitement de la pluie abreuvant la terre, le bruissement de chaque feuillage s'abandonnant au vent, et le ciel, dans les flaques d'automne, sur lesquelles nous nous penchions, croyant pouvoir saisir les nuages.

Je pouvais dire les bruits du soir et ceux du matin, et les voix et les pas de tous les habitants de notre village.

Tout cela était-il perdu à jamais ?

Un jour, je me pris à penser que le village entier n'avait pu périr en même temps. Il restait sûrement des survivants. Qui ? Où avaient-ils trouvé refuge ? Par quel moyen les joindre ?

« Mon père, ma mère, priai-je, envahi par un espoir fou, donnez-moi de revoir au moins une personne dont la voix prononcerait vos noms, une personne qui évoquerait les veillées d'hier et les anecdotes sur la vie de chacun auxquelles je ne prêtais qu'une vague attention, et que j'essayais de rassembler, aujourd'hui, comme les pièces d'une mosaïque qui me rendrait en images claires, l'histoire de mon paradis perdu ».

C'est que je ne savais rien de vous, mon père, ma mère, de votre enfance, de vos bonheurs et de vos souffrances, de vos rêves, de votre être profond et secret qui nous ont modelés, nous, vos enfants.

Que perçoit-on réellement des êtres que l'on aime le plus au monde ? Quel mot, quel geste, quel élan, quel regard ou quel silence nous révèle parfois l'essentiel d'une âme, et que nous ne savons accueillir ? Et pourquoi cette poignante nostalgie de ce qui nous a échappé, enseveli dans un « jamais plus » d'une si profonde amertume ?

Je sais aujourd'hui que pour votre fils, point n'est besoin de scruter vos visages pour atteindre l'inexprimable.

Je sais aujourd'hui que ce qui passait de vous à moi, ce que vous me transmettiez par votre seule façon de m'aimer, gonflait mes racines d'une sève qui ne pouvait m'ouvrir qu'à un choix de vie.

Même en passant par votre mort.

Et aujourd'hui encore, alors que vous êtes partis depuis longtemps et que la guerre est toujours là, je ne puis concevoir de m'abandonner à la haine et à la violence. Ce qui par essence n'est que destruction, ne peut sauver quoi que ce soit et surtout pas la vie.

Mon père, ma mère, j'ai touché l'enfer et le touche encore par cette guerre sans fin, mille fois plus féroce et meurtrière qu'à ses débuts... et je vois des enfants bien plus atteints que je ne l'ai été.

Devant eux, parfois, le découragement et l'impuissance me submergent au point de penser que crier, mordre, griffer et cogner dans le tas serait plus efficace qu'autre chose. Mais votre voix en moi me rappelle que toute violence est acceptation de la guerre et qu'aux enfants poignardés par la haine, seul un flot de tendresse peut rendre le sourire.

Aussi pour vous, par vous, par l'amour dont vous avez irrigué ma venue au monde et mes premiers pas, je refuse de devenir à mon tour un être de destruction.

Pour vous, par vous, je crois que l'amour est la lumière du monde et que la prière rassemble le ciel et la terre.

Je le crois, parce que vous n'auriez pu tromper celui que vous appeliez la lumière de votre âme...

Je le crois, parce que mon enfance auprès de vous m'a été bien trop douce pour que je puisse jamais en douter.

*

A sept ans, cependant, je ne supportais pas d'être devenu le fils de personne, noyé dans une masse confuse d'enfants en parcage, qui ne savaient même plus s'ils étaient en droit d'attendre autre chose.

Petit à petit je m'aperçus que beaucoup d'entre eux pleuraient, la nuit, doucement, sans bruit. Leurs larmes coulaient lentes et lourdes comme un glas qui n'en finissait plus d'égrener sa détresse.

Me parvenaient aussi des chuchotements, des clapotis furtifs de petits pieds nus, des rires étouffés dans les oreillers. Chacun à sa façon tendait une main vers les autres, avant d'aborder le grand désert de la nuit.

Enfin le sommeil étirait son silence. Sœur Marie faisait une dernière ronde, ramassait un oreiller vagabond, couvrait une épaule frissonnante, caressait un visage encore luisant de larmes. Je l'entendais venir et cachais ma tête sous mes draps. Que de fois elle s'est arrêtée près de mon lit ! Sa main un instant frôlait mes cheveux, mais je ne bougeais pas. A quoi bon ! Cela ne changeait rien à l'immense solitude.

Mon père, ma mère, je dis simplement ce que ressentait votre petit garçon devenu orphelin : une coupure intolérable d'avec la permanence de l'amour... permanence qu'il est difficile de retrouver dans un orphelinat surchargé d'enfants, eux-mêmes surchargés de problèmes, de peurs, de cauchemars.

Comment pouvions-nous comprendre qu'un orphelinat n'est pas un foyer ? Avec plus de deux cent mômes, certains rétifs ou collants, d'autres amorphes ou pleurards, discipline oblige, sous peine de pagaille, et les sentiments, comme tout le reste, doivent forcément se plier à l'emploi du temps. Alors, forcément, on désapprend la spontanéité de l'amour et il ne faut pas s'étonner qu'une caresse à heure fixe n'éveille pas automatiquement un écho à heure fixe.

Sœur Marie pouvait toucher mes cheveux, elle ne touchait pas encore mon cœur. Ce ne fut pas faute d'essayer, mais qu'y pouvions-nous, tous les deux ? La nuit me terrifiait, tandis qu'après sa ronde, cette sœur au bon sourire ne pouvait faire autrement que de rallier sa communauté : un monde en parallèle du nôtre, sans fusion possible avec le nôtre, régi par ses propres lois et prières, son ordre d'une symétrie muette, son uniformité d'expressions et de vêtements, ses élans mesurés et ses temps étanches qui nous paraissaient si secrets... temps des offices, des repas et du sommeil (Tu crois qu'elles dorment comme nos mamans ? demandait Jad), temps des récréations, des réunions et des chapitres... et cette hâte de boucler les heures : « Dépêchons, dépêchons, il faut finir avant la cloche, avant la fin de la semaine, avant la fin du trimestre ».

Ah ! que nous nous sentions loin de nos « chez nous » et que tout nous paraissait « FIN ».

Mais que devions-nous finir, je me le demande ?

De pleurer... d'aimer... de vivre ?

Qu'aviez-vous fini, mon père, ma mère, à l'heure de votre mort ? Qu'avait fini notre village ?

Rien et surtout pas de vivre.

Finir pour finir, papa, toi qui disais, quand nous bâclions nos devoirs et nos prières, que dans ces conditions il valait autant ne pas commencer, il me semble maintenant que c'est se fragmenter soi-même en une multitude de petites fins... de petites morts.

Et vivre, maman, toi qui disais que c'était tout simplement aimer, il me semble maintenant qu'aimer à ta manière, c'est s'infinir dans la plénitude de tout ce qui célèbre, du parfum des orangers aux baisers que tu nichais dans tes corbeilles... jusqu'au grain enseveli pour renaître en gerbes... jusqu'à la mort, cet autre sommeil avant les Pâques de tous ceux qui, comme toi et mon père, savent préserver l'Amour des temps et des mesures.

Mon père, ma mère, vous me manquiez trop et sœur Marie n'y pouvait rien. Nous tous qui pleurions chaque nuit étions sevrés d'un sentiment si nécessaire et sécurisant pour un enfant : celui d'appartenir à des êtres qu'il pense lui appartenir en retour... en « toujours » sans brisures... en présence dont aucun éloignement ne peut être perçu comme rupture.

Nous étions sevrés d'une maison où un enfant ne pleure jamais seul, où il s'endort tout contre sa mère, ses bras autour de lui, sa chaleur à même son petit cœur. Et s'il a peur, dans son sommeil, s'il a soif ou mal, il lance l'appel merveilleusement pénétré de toute la douceur du monde... maman !

A toute heure du jour et de la nuit... maman !

Parfois pour rien, pour la seule joie de la savoir à portée de l'appel... maman !

Ah ! dormir dans ses bras arrondis en berceau, quand on a mal, entendre la voix de papa tout à côté dans le grand lit : « O femme, le garçon est-il encore bouillant ? Es-tu sûre qu'il n'a rien de grave ? S'il lui arrive quelque chose, ma raison s'envolera ».

La faiblesse de papa, sa soudaine incompétence devant nos maladies d'enfants, et la force apaisante de maman.

Cette double tendresse penchée sur ma fièvre.

Cette double certitude d'habiter une même tendresse.

Cette communication toute en transparence, qui ne dit pas où commencent les uns et où finissent les autres.

Cette intimité fondue en une seule certitude.

Et les exclamations de mes frères et sœurs au matin : « S'est-il défripé, le petit poussin ? Va-t-il pouvoir se pavaner au soleil ? »

Une famille !

Ma famille !

*

« Lequel de tes enfants aimes-tu le plus ? » dit un proverbe libanais.

– Le petit jusqu'à ce qu'il grandisse, l'absent jusqu'à ce qu'il revienne, le malade jusqu'à ce qu'il guérisse.

*

Mais là où la raison de mon père faillit s'envoler pour de bon, ce fut lors de la pleurésie de ma mère.

Papa dédaignait le principe selon lequel un homme se doit de ne pas trop étaler ses sentiments. Il exprimait en paroles et en actions ses joies, ses inquiétudes et ses affections. Avec lui, nous savions toujours sur quel pied danser, ce qui était très reposant. Et si maman « avait le cœur sur sa paume », mon père égarait volontiers le sien sur celles de toute sa famille, en particulier dans le creux de la main aussi douce que ferme de sa tendre moitié.

Un autre proverbe de chez nous précise que « l'homme est la tête de la femme », sous-entendu qu'une femme porte la tête de son homme sur ses épaules, ce qui lui donne tout loisir de la tourner à sa convenance. Et privé des épaules de maman, papa vit le monde tourner à l'envers. C'est du moins ce qu'il prétendit lorsqu'après dix jours d'affolement, notre maison récupéra enfin son pouls normal.

C'est que rien n'allait plus sous le toit de Abou Youssef (8), notre père. Pensez un peu ! Emm Youssef (9), notre mère, était malade. « Une vilaine pleurésie », décréta le toubib, mandé le fameux matin où Abou Youssef (involontairement, sur son honneur) ! ronfla jusqu'à sept heures passées, parce que la maison se prélassait dans un silence inaccoutumé. Ne croyez pas que Abou Youssef était toujours le dernier à se lever, mais enfin, ce jour-là, aucun arôme de café frais moulu ne vint chatouiller ses narines, aucun bruit de petit déjeuner en train ne tintinabula agréablement à ses oreilles, aucun rire d'enfant ne fit tressaillir son cœur d'allégresse. Abou Youssef n'émergea de ses rêves que parce qu'il avait dormi tout son soûl « et demi ». Il s'étira, loua le Seigneur, lorgna sa montre et ravala

8. Père de Youssef.

9. Mère de Youssef.
Dès la naissance de leur premier fils, les parents sont appelés père et mère de ce fils : Abou Youssef et Emm Youssef, si l'enfant porte le nom de Youssef ; Abou Jériès et Emm Jériès, si l'enfant porte le nom de Jériès, etc.

péniblement le chapelet de mots peu recommandables qui clapotaient déjà au bord de ses lèvres.

« Allah, se signa-t-il, où est passée ma femme ? La vieille téta Zarifé « nous aurait-elle donné son âge » (10), loin de nous le malheur ! qu'Emm Youssef a dû sortir dans la nuit ? Non ! Elle m'aurait averti. Et à supposer, je l'aurais entendue sortir, je ne suis pas encore sourd, que je sache ! Allah, se signa-t-il à nouveau, ce silence ne me plaît pas. Je suis inquiet... très inquiet... de plus en plus inquiet... »

Abou Youssef se précipita dans la chambre des enfants. Ils dormaient béatement, comme il fallait s'y attendre, inconsciemment ravis de manquer l'école sans qu'il y allât de leur faute.

« Ta gloire, ô Allah, soupira leur père. Les jours de congé ils s'éveillent avant les oiseaux. Les jours d'école, en revanche, il faut les secouer comme les pins à l'automne. Mais au lieu de pignons, ce sont des baillements et des grognements que nous récoltons. De toute façon, « soixante années sur l'école ».

10. Donner son âge aux autres : mourir.

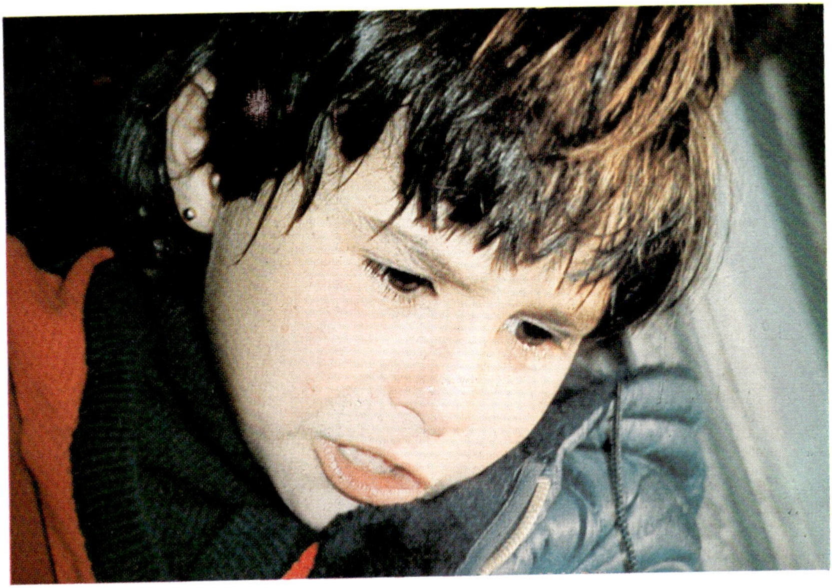

L'enfant et son village détruit...

Carte du Liban

Le Liban
et les pays alentour

Un paysage
de villages libanais

Une paroisse
de la montagne

Une plaine libanaise

De la montagne,
Beyrouth et l'horizon

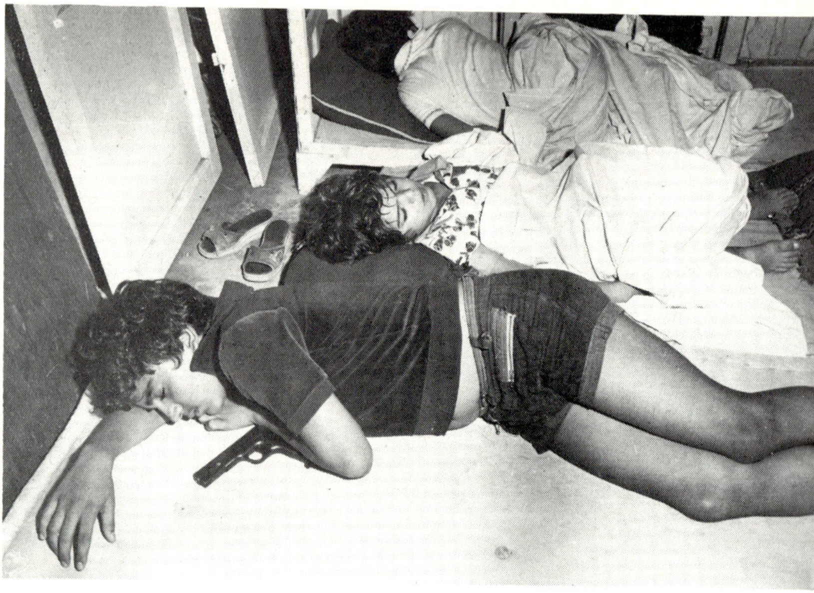

Les enfants s'endorment dans les abris,
hantés par la mort...
Même les enfants sont armés...

Des grottes
remplies de chuchotis

Un obus ! et des fleurs !

Des morts en série

L'arbre
de la cour de l'orphelinat...

*Les enfants
prient et pardonnent*

*Villages et montagnes
en recueillement*

Des garages
pour chambres à coucher !

Une mère pleurant son enfant
qui venait de faire
sa première communion

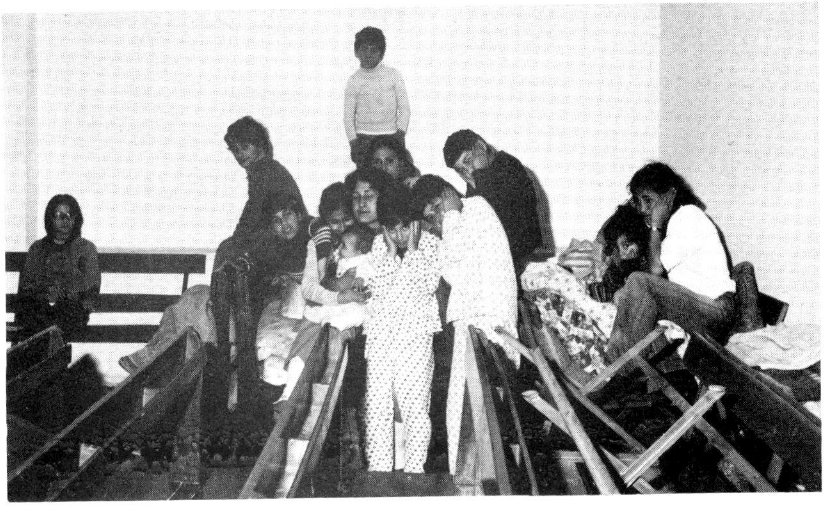

Le tonnerre des obus !

*Une église,
comme sur chaque colline
et dans chaque vallée*

La terre
fidèle à ses promesses

Les cèdres !
Symbole de l'immortalité du Liban

90 000 maisons détruites

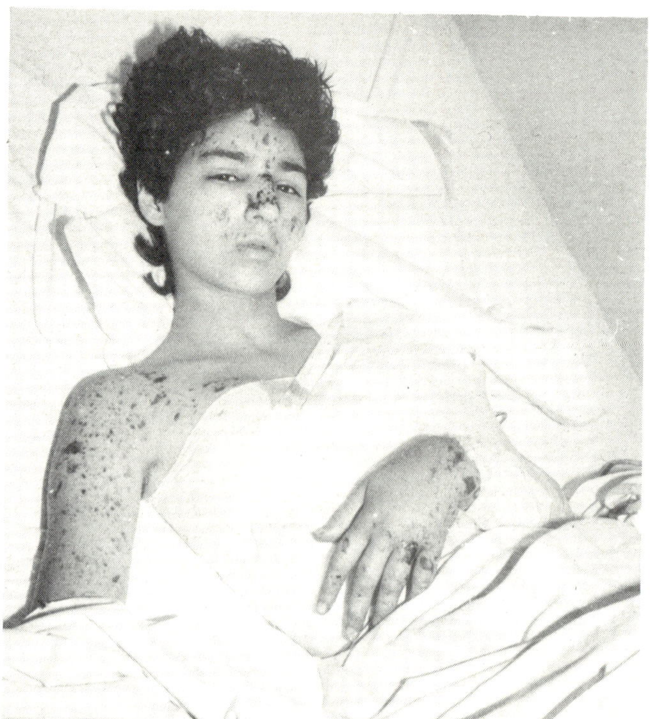

Qui a fauché sa tendresse ?

*Avec tous les doux de la terre,
les Libanais prient pour la paix.*

Demain, il fera beau !

Après le coucher,
il y a le lever du soleil !
Le Liban ressuscitera

Ce qui, en clair libanais, signifiait que ce matin-là, Abou Youssef se souciait de l'instruction comme d'un pignon. Ce qu'il voulait, c'était sa femme en chair et en os, avec son délicieux sourire d'accueil matinal sur les lèvres et une cafetière fumante entre les mains. Non, par Allah, il n'était pas permis de disparaître aux aurores en laissant son homme et ses enfants, en d'autres termes : le pilier de sa maison et les prunelles de son âme, dans la plus alarmante des ignorances.

Il la trouva dans la cuisine, tassée sur un tabouret bas, pâle et dolente comme personne ne l'avait vue auparavant, de mémoire d'Abou Youssef, en tout cas.

« *Kheir inchallah* ! »(11) balbutia-t-il en se signant pour la troisième fois et en tapotant la porte (de bois, est-il besoin de le préciser) ? dans l'évident espoir de conjurer le mauvais sort. *Kheir, inchallah,* qu'as-tu, ô femme ?

– Je ne me sens pas bien, soupira Emm Youssef. Pour te parler droit : je ne tiens pas debout.

11. Littéralement : « Du bien, par la volonté de Dieu », en d'autres termes : j'espère qu'aucun malheur ne te frappe

– Ta gloire, ô Allah ! gémit Abou Youssef, lequel par empathie ou crainte sentit ses jambes se ramollir, au point qu'il dût s'asseoir, lui aussi. Pourquoi ne m'as-tu pas réveillé ? Je vais chercher le docteur.

– Non, protesta Emm Youssef, tu n'y penses pas ? Ce n'est qu'un malaise passager. Aide-moi à regagner la chambre. Quelques minutes de repos et un bon café me remettront d'aplomb.

– Tu en es sûre ? s'enquit Abou Youssef qui ne demandait qu'à la croire et qui déjà raffermissait son cœur. Surtout ne pense à rien, je m'occupe de tout ».

Abou Youssef était de bonne foi, sur son honneur ! Mais lorsqu'il réintégra la cuisine...

« Où est le café ? cria-t-il au bout de trois secondes. Où est le sucre ? cria-t-il au bout de six secondes. Combien de cuillerées de sucre dois-je mettre ? Et combien de café ? Où sont les tasses ? Où ranges-tu le plateau ? Par mes enfants, il y a trop d'ordre, ici, c'est pourquoi je m'y perds ».

Enfin le café fut prêt, mais Emm Youssef gisait sans force, haletante et brûlante de fièvre.

« Ma femme s'en va ! » suffoqua Abou Youssef. Il se précipita à la fenêtre et appela sa plus proche voisine, la priant d'appeler le docteur. Il lui fallait aussi sa belle-mère sur le champ. Elle avait l'art de rassurer son monde et connaissait sur le bout des doigts les tisanes, cataplasmes, onguents et incantations susceptibles de neutraliser tous genres de fièvres. Il lui fallait aussi réveiller les enfants et commencer à faire des vœux. Non, *par Mar Jériès,* jamais il n'avait vu sa femme dans cet état. Il perdit tout bonnement ses esprits et, aux dires de Lamia, se mit à tournicoter « telle une bohémienne qui a perdu sa perle bleue ».

Cinq minutes n'étaient pas encore passées que la maison grouillait de monde. Le docteur hochait la tête en essayant d'expliquer à Abou Youssef qui semblait vouloir lui imputer son malheur, qu'il n'y était pour rien si sa femme faisait toujours trop bien les choses, y compris cette pleurésie aux complications aussi rares qu'originales et que, par conséquent, il lui était impossible d'en prévoir l'issue. Il ne pouvait « qu'appliquer le collyre, Allah se chargeant de la cécité ». Et pourquoi Emm

Youssef n'avait pas parlé plus tôt ? Car enfin, « s'il doit pleuvoir, le ciel se couvre », une pleurésie, ça ne se déclare pas en une seconde.

Abou Youssef, jaune comme safran, rétorqua que ce n'était pas la peine d'avoir perdu tant d'années sur les bancs vermoulus d'une université vétuste, s'il ne pouvait guérir un simple refroidissement. « Une femme forte comme la mienne, jamais une grippe, tout juste des bouts de rhumes, cinq enfants tellement rassasiés du lait de leur mère qu'ils pouvaient à présent se contenter de boire la rosée du matin et tu prétends ne rien comprendre à son cas ? Tu DOIS nous la guérir, docteur ! »

Je me souviens de l'indignation de papa. Nous l'entourions, tous les cinq, complètement ahuris, mais partageant absolument sa « déraison », parce qu'il était notre père et qu'il s'agissait de notre mère.

« Cinq poussins, poursuivit Abou Youssef, si petits qu'ils pourraient s'abriter sous le même tamis. Et tu les veux orphelins ? O docteur, c'est leur père qui t'en prie : fais ton devoir, guéris leur mère et notre reconnaissance te suivra jusqu'à la porte de saint Pierre ».

La suite se noie pour moi dans l'espèce d'assoupissement qui s'empara de la maison. Mes deux tétas s'installèrent au chevet de maman, tandis que les voisines défilaient sur la pointe des pieds. Elles apportaient des plats et des desserts abondamment sucrés « pour nous remonter le cœur ». Mon père n'y touchait pas. « Ça ira, les enfants, je vous promets que ça ira », assurait-il d'une voix que nous ne lui connaissions pas.

Chose étrange, il rangeait ses affaires (il fallait voir comment, mais ça, c'est une autre histoire) et aidait Lamia à débarrasser la table.

Le soir, nous nous réunissions comme d'habitude pour la prière. Sans maman, Hala et moi perdions un peu les mots et la Vierge nous paraissait lointaine. Cependant nous n'avions pas peur, car nous ne doutions pas de sa guérison. D'où nous venait cette certitude, des sourires de nos tétas, des paroles de papa ou d'une assurance de nos cœurs ? Nous trouvions le temps long, mais nous savions qu'un jour, nous réentendrions sa voix nous appeler « sa vie ».

Et puis un matin, papa nous réveilla à l'aube. Il pleurait, mais son regard avait l'éclat d'une étoile. « Ah ! mes petits, dit-il, elle est hors de danger. Elle veut vous voir tous les cinq. Allez vite lui dire combien vous l'aimez ».

*

Ces souvenirs, je me les fignolais pour recréer l'atmosphère de « chez nous » qui me manquait tant à l'orphelinat. Plus les jours passaient et plus il me semblait que la vie (si vie il y avait encore avec cette guerre) se déroulait ailleurs, loin de ces murs où l'on ne parlait jamais de naissances, de fiançailles, de baptêmes, de moutons ou de cueillettes.

Quel boulanger pétrissait le pain que nous mangions ? Où chantait la source qui nous donnait son eau ? D'où venaient les habits que nous portions ? Qui les lavait, les repassait, les reprisait ? Qui déposait un baiser sur l'accroc d'une chemisette ?

Des mains anonymes pliant des effets anonymes, numérotés comme nos casiers, au dortoir, ou les rangées de patères sur lesquelles nous suspendions nos serviettes de toilette, cela rend les choses si impersonnelles.

J'imagine une lingère s'écriant avec impatience : « Il exagère, ce numéro deux cent six ! Il a toujours les plus gros trous à ses chaussettes ». Mais peut-être que j'exagère et qu'elle soupirait avec un brin de compassion : « Ce pauvre orphelin, si seulement il pouvait faire un peu plus attention ».

Des trous, j'en avais aussi à ma mémoire. Certaines nuits je ne retrouvais plus les visages vivants des miens. Leurs masques de morts s'imposaient à moi et ne me quittaient plus. J'essayais de toutes mes forces de penser à autre chose. J'évoquais les paysages ambrés de nos vacances, l'âcre senteur des pins immobiles tout au long des soleils de l'été, le stridulement des cigales gorgées de sève et de lumière, la source au chant roucoulant comme un rire sur un bonheur secret, nos jeux de cache-cache sur la place de l'église : « ... quatre vingt dix huit, quatre vingt dix neuf, cent et s'ouvre la rose rouge ! »

Nous nous cachions jusque dans les maisons voisines, rentrant par la porte de la cuisine, ressortant par le salon. Au passage, on nous offrait un fruit, un gâteau ou des pistaches. Evidemment, le « chercheur » avait beau questionner de porte en porte, de jardin en jardin, personne n'avait vu personne. Il s'en revenait alors en dégustant une pêche, pas le moins du monde dépité de nous retrouver tous au « mur ». Parfois on arrivait à attraper tout le monde et les galopades à travers les jardins prenaient des allures de courses olympiques.

Où étaient-ils, ces enfants de « chez nous », écureuils des bois traversés de leurs rires de soleil, et de signes et d'histoires de leurs découvertes, de nids d'oiseaux dont ils ne se lassaient pas de contempler les œufs si merveilleusement chinés, de scarabées aux reflets si lumineusement nacrés, de minuscules sauterelles blondes qu'ils dérangeaient exprès pour capter, l'instant d'un éclair, les couleurs de leurs ailes « de dedans », bleues, rouges, oranges, jaunes, vertes... belles à vouloir les saisir pour former des arcs-en-ciel.

De toutes mes forces j'appelais ces images de lumière, mais la mort restait là, penchée sur mon lit, elle effaçait les chants, les couleurs et les visages pour m'emprisonner à nouveau dans la peur.

A quoi jouaient les enfants dans la cour de l'orphelinat ? Je ne m'en souciais pas. Assis sur mon banc, je regardais le ciel. Ah ! pouvoir s'étendre sur un nuage et dériver dans ce bleu si pur, être oiseau, survoler mers et montagnes, partir, fuir la guerre, ne plus penser qu'à suivre le vent... avoir des ailes, quelle merveille !

Au fait, les oiseaux échappaient-ils aux obus ?

Je me posais la question lorsqu'un « Bang ! » hurlé par un Ramzi déchaîné retentit à mes oreilles, avec la force, me sembla-t-il, d'un vrai pistolet. Il prenait mon banc pour une barricade et mon épaule servait de tourniquet à sa main mitrailleuse qui arrosait trois petits gars me faisant face, les mains en l'air, l'œil bien plus exalté qu'effrayé.

La guerre pour jouer... poing tendu, pouce en l'air, index pointé sur l'ennemi impatient de chuter en beauté... hurler triomphalement : « Bang ! bang ! Tu es mort ! »

La mort pour jouer... se laisser tomber de tout son long en tournoyant sur soi-même, fermer les yeux sans cesser de mâchouiller son chewing-gum au goût de fraise et râler joyeusement : « Aïe ! Aïe ! Je suis mort ! »

La guerre pour rire.

La mort pour rire.

Et puis, soudain, la mort pour de vrai.

La mort pour pleurer et mourir.

Mais les morts de la guerre ne fermaient pas leurs yeux. Je les avais vus, je les revoyais, béants, vidés de leur tendresse. Là, devant moi gisaient les miens, entre ces quatre gosses qui, n'ayant jamais VU la guerre, pouvaient s'en jouer avec délectation.

Bang ! bang ! sur ma maison pleuvaient les bombes et les miens tombaient tous ensemble. Moi seul restais debout. Cela me paraissait absurde et pas vrai... non, pas vrai !

Allah ! si seulement cela pouvait ne pas être vrai.

Le ciel tournoya et tout disparut.

Je me réveillai à l'infirmerie, la main de sœur Marie sur mon front et les reniflements de Jad au pied du lit. J'ouvris les yeux et il se mit à glapir comme un chiot blessé :

« Ma main sur la Croix, je t'ai cru mort. Non, ne re-t'en vas pas ! Je t'en prie, réveille-toi pour de bon ! *Ya Mar Elias,* ce que tu m'as fait peur !

– Allons, Jad, ressaisis-toi, dit sœur Marie. Là, là, c'est passé ! Il va tout à fait bien. Dis-moi, comment se sentait-il, ce matin ? As-tu remarqué quelque chose de particulier ?

– Non. Il était comme tous les matins, à moitié éveillé, à moitié endormi ».

Il s'assit à mes côtés et me regarda pensivement. Je voulais lui dire : « Jad, ne me quitte pas. Pas toi. Jamais. Je ferai tout ce que tu voudras, mais s'il te plaît, s'il te plaît, ne me quitte jamais ».

Les mots ne passaient pas. Alors je me cachai le visage dans l'oreiller et, pour la première fois, je pleurai devant une sœur.

Jad me prit la main et dit :

« Il n'est pas malade. Il a eu peur.

– De quoi ? demanda vivement, la sœur. Qu'est-ce qui l'a effrayé ? Que s'est-il passé dans la cour ?

– Rien, dit Jad. Il a peur de la guerre ».

Sœur Marie essaya de me prendre dans ses bras. Je résistai si violemment qu'elle dût y renoncer.

« Reste avec lui, Jad, dit-elle. Je pense qu'il a vraiment besoin de toi ».

Ma main dans la main de Jad, je coulai dans un sommeil sans rêve.

*

Je me souviens d'un dessin de Jad, un soir, pendant l'étude, alors que je recopiais docilement des exercices de grammaire.

Il arracha une feuille double « pour avoir plus de place » du milieu d'un de ses cahiers. Il y mit des maisons aux toits rouges et aux volets verts, des fleurs, un verger dont les arbres portaient plus de cerises et de pommes que de feuilles. Sous les arbres, un semeur laissait échapper de sa main une pluie de grains.

Son ciel était splendide, d'un bleu foncé à donner envie de s'y perdre. A droite, un soleil jaune dardait des rayons obliques sur une femme qui portait un enfant. A gauche, un croissant de lune flottait, entouré d'étoiles. Il y avait même un petit nuage qui s'égouttait tranquillement dans ce ciel radieux.

Ce dessin me parut si beau, si gai, qu'il me sembla boire à même une source.

« Ça, c'est chez nous, dit Jad, les lèvres tremblantes de nostalgie. Ça, c'est mon père, et ça, c'est ma mère avec ma petite sœur Gihane. Quand je pense à chez nous, je me rappelle qu'il faisait toujours beau. Quand je suis né, mon père a sacrifié un mouton et il a invité tout le village. Et mon geddo a sonné lui-même les cloches à mon baptême. Un jour, on va retourner là-bas. C'est mon papa qui me l'a dit. Moi, je ne sais si je voudrais re-rentrer dans la maison sans ma maman. Je pense que je ne pourrai pas. Tiens ! c'est un cadeau ! Je l'ai dessiné pour toi ».

Je regardai son « chez lui », fasciné par la lumière qui s'en dégageait. C'était trop beau, trop dense, trop semblable à « chez nous ». C'était un autre monde, notre monde où la guerre n'avait aucun sens.

O mon père, ma mère, mes frères, mes sœurs, mon village, vous étiez là, tout à coup, avec Gihane et sa mère, nous entourant Jad et moi qui ne pensions qu'à vous. Je sentais votre présence et ne supportais pas votre silence.

« Maman, suppliait mon cœur, un mot, un seul mot. Laisse-moi entendre ta voix m'appeler « ta vie ». Toi aussi tu étais ma vie. J'aurais pu te le dire cent fois par jour. Mais les enfants ne savent exprimer ces choses-là que trop tard.

Et toi, papa, qu'avais-tu sacrifié à ma naissance ? C'est si beau, une naissance, surtout lorsqu'elle est attendue avec respect, émerveillement et amour.

Tu nous avais dit ta joie cinq fois renouvelée. Tu nous avais dit le bouleversement de tout ton être à l'annonce de ton premier-né. Maman riait et te taquinait lorsque tu racontais ce que tu appelais « votre venue à nous », au monde, à la vie. Et nous voulions savoir, écouter cent fois la même histoire. Parce que quelque chose dans ta voix – une émotion que nous ne comprenions pas encore pleinement, une allégresse qui nous ravissait – nous transportait dans ton bonheur de nous avoir.

Et le sourire de maman, en nous regardant tous, comme rentré dans ce bonheur, comme recueilli sur une nouvelle « annonciation ».

Des années de guerre, papa. Des années que tu es parti. Une éternité. Et la guerre est toujours là. Ce soir les obus tombent par milliers. Encore des tués. Encore des blessés. Encore des enfants atrocement déchirés. Pourquoi cette folie, papa ? J'ai grandi et j'ai toujours peur. Depuis des années, nous ne voyons que ruines et mort. Si tu savais comme il est difficile de ne pas s'y abandonner lorsqu'on se sent l'âme ravagée. Nous n'en pouvons plus. Mais je ne veux pas haïr, papa. Je ne veux pas tuer. Je ne veux pas rentrer dans cette ronde de mort, moi, ton fils, à qui tu as appris que la vie n'existe que par l'Amour. Aussi je te dis comme autrefois : Raconte, papa. Raconte la vie et les naissances, raconte le bonheur tout simple et le soleil toujours royalement présent derrière les nuages, et les arbres, à l'aurore, dont les feuillages encore empreints de nuit et de silence attendaient le chant des oiseaux pour s'étirer au jour. Raconte le mûrier de notre jardin qui, disais-tu, reconnaissait la caresse de chaque main, et les bouquets de maman, au printemps, qui parfumaient la maison de ses pensées en les cueillant pour nous.

Raconte à la troisième personne, comme tu aimais à le faire, pour mieux cerner ta famille et te fondre en elle, parce qu'en disant « je », tu avais l'impression que nous étions d'un côté et toi de l'autre, ou bien parce que c'était si vrai, si simplement merveilleux, que tu nous offrais tes récits comme on offre un conte ?

Raconte, papa. Voulais-tu à tout prix un garçon pour premier-né, toi qui disais qu'un foyer sans filles est un jardin sans roses ?

Raconte mon papa. Raconte la fois où tu n'en croyais ni tes yeux, ni tes oreilles...

*

Najm n'en croyait ni ses yeux ni ses oreilles : il tenait, entre ses grandes mains calleuses, son premier-né qui piaulait à fendre l'âme.

Neuf mois qu'il attendait ce chérubin. Neuf mois qu'il se le représentait tout lisse et rose, tout soyeux, tout sourire et gazouillis... tout le portrait de sa mère. Et voilà qu'il berçait un parfait inconnu, fripé, crispé, braillard et grenat de colère. Il le balança doucement de gauche à droite... de haut en bas... mais les cris, loin de s'apaiser, atteignirent une stridence des plus alarmantes. Le chérubin finit par hoqueter, perdit le souffle, et Najm, paniqué, le déposa précipitamment dans les bras de sa femme.

« *Ya Mara !* (12) s'étrangla-t-il à son tour, le garçon est parti ! Fais donc quelque chose ! »

12. O femme.

Saïdé cala son fils contre son épaule, lui tapota le dos, susurra des arpèges fantaisistes à souhait, et l'enfant émit un profond soupir d'aise avant de couler à pic dans un sommeil bienheureux.

Najm les observa, médusé et vexé. C'était bien d'un homme, songea-t-il, de perdre le Nord, le Sud, l'Est, l'Ouest et la face devant les pleurs d'un nouveau-né. Par *Mar Jériès,* sa dignité s'en allait tout bonnement à vau-l'eau et il tenta vainement de la repêcher à grands renforts de « Allah ! Allah ! » et de lissage de sa belle moustache frisée : le rire moqueur de sa femme « le réduisit à la mesure d'une poignée ».

« Qu'Allah nous vienne en aide sur les hommes, chantonna-t-elle. Grands, forts, braves, intelligents...

– Et quoi, encore ? coupa Najm. Ton chapelet, je le connais par cœur. Tu ferais mieux de coucher le petit. Tu le tiens comme une besace et je ne veux pas d'un fils sinueux comme une limace.

– Eh bien, rétorqua gaiement Saïdé, à cette heure-là, il aura de qui tenir.

– Et de qui, je te prie ? s'enquit imprudemment Najm, sûr qu'il ne pouvait exister l'ombre d'un rapport entre lui, plus droit qu'un if, plus fort qu'un chêne, et une éventuelle distorsion spinale de son rejeton.

– De son père à l'esprit tortueux, roucoula la tendre mère ».

Et vlan ! avec Saïdé, pas moyen d'avoir le dernier mot. Sa femme de miel, sa rose d'Eden avait une seule épine : « la réplique sous l'aisselle » (13). Logique ou pas, c'était une autre affaire. Et maintenant qu'elle avait assuré la pérennité de son foyer, elle pouvait s'en donner à cœur joie.

Froissé, Najm s'abstint de répondre. Il ne voulait pas contrarier sa femme, des fois que son lait tournerait à l'aigre. Mais au fond de lui-même, il était très fier de sa petite famille. Non, pas un bébé au monde ne pouvait hurler aussi puissamment, carrément s'étrangler, et s'endormir deux secondes après comme si de rien n'était.

Et Saïdé, quand avait-elle acquis cette tranquille et parfaite assurance des gestes et des sons ? Après tout, elle n'avait que dix sept ans et n'en était qu'à son premier

13. La réplique toujours prête et prompte.

enfant, né la veille même sans presque crier gare, à l'heure où le soleil commençait à piquer du nez vers l'horizon.

Najm travaillait dans les champs et pensait justement à sa femme, en invoquant *Mar Jériès* pour que sa délivrance se passa sans complications.

« *Ya Mar Jériès,* implorait-il, pris soudain d'une crainte superstitieuse, oublie un peu que je t'ai trop importuné pour que le ciel m'accorde un garçon. Que la femme et l'enfant quel qu'il soit se portent bien et je t'en serais éternellement reconnaissant. Mais si c'est une fille, de grâce, qu'elle ressemble à sa mère et je te garantis qu'elle sera la lumière de mes yeux ».

Et puis, quoi ! Inutile de se tourmenter, loin de nous le malheur ! La mère, la belle - mère, les tantes, les sœurs, les cousines et les voisines de Saïdé ne s'étaient-elles pas empressées à lui éviter les grandes fatigues ? Et n'avaient-elles pas rivalisé de vigilance pour la soustraire aux regards, gestes ou réflexions susceptibles de lui donner le mauvais œil ?

Et Najm, lui-même, qui pourtant ne croyait pas beaucoup à ce qu'il appelait les radotages de femmes, n'avait-il pas satisfait tous ses désirs afin d'épargner à l'enfant la moindre tache disgracieuse ? Preuve : la fois où Saïdé avait exprimé une envie de *zbibs* (14), à onze heures du soir, Allah s'en porte garant ! alors qu'il n'en restait pas l'ombre d'un grain dans la maison. « La tête de Najm n'avait pas encore disparu que sa femme revit ses pieds ». C'est vous dire la vélocité avec laquelle il avait filé chez la voisine qui lui avait remis une pleine jatte de superbes grains bruns, arrosés de mille souhaits.

O paix ! imaginez rien qu'une demi-seconde l'enfant arrivant avec un *zbib* imprimé sur le front, ou la joue, ou le menton, ou même le bout du nez. Quoi ! c'est son père que les gens blâmeraient ! Mais encore bien pis : Saïdé, sa douce Saïdé que vous pourriez franchir sept fleuves et sept montagnes sans trouver sa pareille, lui pardonnerait difficilement le moindre point suspect sur le visage de son tendre basilic. Sur le reste du corps, passe à la rigueur ! Mais qui peut savoir où vont s'incruster les envies insatisfaites ? Ni vous, ni moi, ni personne. Alors ?

14. Raisins secs

Et la fois où elle avait soupiré : « Un gâteau à la mélasse, ô homme, c'est plus fort que moi, j'en ai le goût à la bouche ! »

A cinq heures du matin, où en trouver ? qu'Allah nous vienne en aide sur les femmes ! Saïdé aurait pu attendre l'arrivée de sa belle-mère. L'ennui c'est que les envies échappent à tout contrôle de lieu et de temps et que la future mère croyait trop en leurs conséquences.

Najm avait filé une fois de plus chez la voisine, priant le ciel de la réveiller si ce n'était déjà chose accomplie. Par bonheur elle moulait son café, assise sur le pas de sa porte.

« Matin de bien, ô voisine, la salua Najm en se touchant la poitrine, puis le front de la main droite. *Inchallah* que vous soyez tous en bonne santé.

– Matin de lumière, ô voisin. Qu'est-ce qui t'amène avant le jour, sans mal aucun ?

– Rien de grave, rassure-toi. Tu me vois tout confus, mais si toi ou quelqu'un de ta connaissance avez pétri, hier ou avant-hier, un gâteau à la mélasse, je vous serai reconnaissant d'en apporter un morceau à ma femme. Je vous le revaudrai à la première occasion et qu'Allah fasse pleuvoir ses bienfaits sur vous, vos maisons, vos enfants et vous accorde longue vie et prospérité. Mais sans vouloir vous bousculer et en vous en remerciant mille fois, puis-je vous demander de vous dépêcher ?

– Ne te tracasse pas, ô voisin. Nous savons ce que c'est et « l'obligeance est réciproque, tout comme les mains se lavent l'une l'autre ». Va dire à ta femme que les gâteaux sont déjà chez elle ».

Cinq minutes plus tard (les communications de bouche à oreille battant, jusqu'à nos jours, tous les records de vitesse), six plats de *sfoufs* (15) franchissaient le seuil des Najm. Satisfaite et un rien confuse, Saïdé souriait, remerciait, offrait le café à la ronde, tandis que les voisines énuméraient toutes les histoires d'envies connues depuis des générations.

Peu à peu la maison se remplit de femmes apportant sollicitude, curiosité, conseils, cafetières fumantes et tasses de renfort dans un brouhaha délicieusement bariolé. La *sobhieh* (16) démarrait plus tôt que d'habitude, ce qui enchantait tout le

15. Gâteau à la mélasse.

16. Littéralement : « Matinale ». En d'autres termes, visite qui a lieu très tôt, le matin.

monde sauf Najm qui n'en demandait pas tant. Il s'esquiva par la cuisine, raflant un gâteau au passage et rêvant à son bol de *labneh* (17) matinal, couronné de menthe et d'olives luisantes.

L'enfant devait naître aux premiers jours d'avril. Le temps serait ensoleillé (les prévisions météorologiques montagnardes ignoraient les erreurs de calcul) et Najm offrirait *l'arak* dans le jardin : *l'arak* des grandes occasions distillé trois fois. Mais il fallait croire que le chérubin était pressé de humer les fleurs printanières et de s'endormir au chant des rainettes. Najm promettait à Mar Jériès une livre d'encens et trois cierges de la taille du nouveau-né, lorsqu'il vit sa cousine Asmahan galoper à travers champs.

« *Kheir, inchallah !* » bégaya-t-il en se signant d'une main et en tapotant le tronc d'un pommier de l'autre. Deux précautions valaient mieux qu'une, surtout qu'Asmahan, plus lambine qu'une tortue, ignorait la hâte en toutes choses.

Dès qu'elle aperçut Najm, Asmahan s'ar-

17. Fromage blanc, crémeux.

rêta. A bout de souffle, battant l'air de ses bras replets, elle récupéra à grand peine un filet d'air pour lui crier :

« Ya Abou Youssef, ya Abou Youssef, à toi la bonne nouvelle, à moi la *helweyneh !* » (18).

Et Najm comprit que son garçon était né.

*

18. Récompense symbolique au porteur d'une bonne nouvelle, consistant en quelques pièces de monnaies.

Un samedi après-midi, à l'heure des bains, Jad fut demandé au parloir. Il séchait ses cheveux en les frottant vigoureusement de sa serviette. Je le vis s'immobiliser, la bouche grande ouverte, les yeux plus brillants que des étoiles. Puis il laissa tomber sa serviette et détala comme un lapin en criant : « C'est mon papa ! c'est mon papa ! »

Je ne bougeai pas. Son père était donc guéri ? Cet espoir, j'avais fini par le partager et ce prélude à ses rêves, soir après soir, qui tintait si clair dans l'obscurité du dortoir : « Demain, quand mon père viendra... »

Mon cœur scandait en écho : « Viendra... viendra... viendra... »

Attendre un être qui « viendra », c'était le paradis qui s'ouvrait à notre soif de nous fondre dans l'amour retrouvé. J'oubliais, tant Jad ronronnait d'espoir, que je n'avais pas de place dans ce « viendra » magique. Je l'écoutais et les murs de l'orphelinat disparaissaient pour nous laisser courir vers une petite maison au toit rouge et aux volets verts. Nos mamans venaient à notre rencontre. Elle nous prenaient dans leurs bras, nous serraient, nous embrassaient. Elles disaient: « Mon âme, ma maison, mes yeux, mon cœur, ma vie, ma lumière, la guerre, ça n'existe pas. Ce n'est qu'un cauchemar qu'il faut oublier ».

Et nous retrouvions leur chaleur à nulle autre pareille. Dans la douceur de leur étreinte, oui, la guerre ne pouvait exister.

« Demain, quand mon père viendra... »

« Il » était venu et la douleur me broyait le cœur.

Sœur Marie vint à moi : « Allons, Nassim, enfile ta flanelle et tes chaussettes car tu vas prendre froid ! Mon petit doigt me dit que le soleil va aussi briller pour toi. Jad t'aime beaucoup, tu sais ? Et nous aussi, Nassim, tu m'entends ? »

Je l'entendais parfaitement. Que savait-elle de mes soleils ? Et qu'est-ce que cela pouvait bien me faire d'attraper froid ? « Il » était venu. Dans quelques mois, quelques semaines, peut-être quelques jours, « Il » emmènerait son fils. Moi, je n'étais le fils de personne. PERSONNE. O Dieu, pourquoi la guerre, pourquoi, pourquoi, pourquoi...

Je regardai autour de moi. Où fuir pour pleurer à mon aise ? Dans ce monde où je me sentais si seul, je ne trouvais pas un coin pour m'isoler, à part l'abri de mes couvertures, la nuit. Mais la nuit, tout faisait si peur.

Je fixai la porte par laquelle Jad était sorti. J'aurais voulu l'abattre de mes poings et partir... qu'importe si c'était vers un autre nulle part... partir, fuir cette nouvelle douleur, mourir sous une bombe.

La porte s'ouvrit et Jad rentra en trombe : « Viens vite, « Il » veut te voir ».

Oh ! Jad, Jad, mon frère, il avait laissé son père tant attendu pour venir me chercher. Je le regardai sans comprendre. Impatient, il m'entraîna par la main : « *Yalla !* (19), dépêche-toi, voyons ! *Ya Mar Elias,* qu'est-ce que je t'ai fait pour me coller cette limace ? »

19. Allez ! Vite !

Nous dévalâmes les escaliers, Jad exultant, et moi hébété. « Il » se leva à notre approche. « Il » me souleva et me tint à bout de bras, exactement comme le faisait mon père. Mon corps et mon âme tressaillirent de nostalgie et de reconnaissance. Ces mains fortes autour de moi. Cette sensation de tenir tout entier dans une tendresse...

« Il » dit : « Voilà donc le frère de mon fils ? Allah ! il est aussi beau que lui ! »

Jad sautillait autour de nous : « Papa, il a eu un choc et il ne parle pas. Je t'ai expliqué. Oh, papa, mon papa ! »

Nous nous retrouvâmes tous les deux sur ses genoux. Ce qu'ils se dirent, je ne l'entendis pas. Je croyais rêver. C'était mon père et ça ne l'était pas. Un étrange bien-être m'engourdissait en même temps qu'une voix me soufflait : « Ce n'est pas vrai. « Il » ne peut pas t'aimer comme son fils. Rien n'est vrai que la mort des tiens. Un jour, ils partiront tous les deux et tu resteras enfermé ici pour la vie ».

Ce soir-là, c'est Jad qui pleura et moi qui me levai pour le consoler. Ne pouvant parler, je posai ma tête sur son épaule et essuyai ses larmes d'une manche de mon pyjama.

« Je pense à maman et à Gihane, dit-il. Papa et moi sans elles, tu comprends, c'est même pas la moitié de la vie ».

Même pas la moitié de la vie ? Je ne sais pourquoi cette phrase me poursuivit longtemps. Que savions-nous de la vie, sinon qu'elle était le contraire de la mort ? Et que savions-nous de la mort, avant la guerre, cette mort qui était devenue synonyme de violence, de haine, de maisons éclatées, de corps déchiquetés ou brûlés, de fleuves de sang ? Cette mort qui prenait tout à la fois et ne vous laissait que la peur, le désespoir et ce sentiment d'impuissance aussi paralysant que les cauchemars ?

Même pas la moitié de la vie ? Qui donc disait : « J'ai toute la vie devant moi... » en ouvrant les bras pour accueillir l'immensité de ses demains ?

Je me souviens...

Elle dansait devant notre mère, parce que dans le four levait son gâteau d'anniversaire, rond et doré comme une lune offerte à ses rêves, parce que dans son ciel ne passaient que des hirondelles, parce qu'elle croyait à l'amour, au don, au partage, parce qu'en soufflant ses dix-sept bougies, tout à l'heure, dans le soir tout neuf de sa fête, elle ouvrirait une nouvelle ronde de jours, de toujours, dansant l'infini de sa quête de bonheurs.

Elle virevoltait, Lamia, notre sœur aînée, belle de ses dix-sept printemps, de son rire clair, de sa confiance en la durée de ses tendresses, du soleil qui pétillait dans ses yeux et rosissait ses joues, de la vie qu'elle voulait palper, caresser, pétrir et modeler à sa manière, de ses hymnes à l'indépendance et de son indignation soudaine :

« Maman, quand je pense qu'à mon âge tu étais déjà mariée ! Au fait, pourquoi as-tu épousé papa et pas un autre ? Et pourquoi si tôt ?

– Ton père ne te plaît pas ? riait maman.

– Oh ! si, beaucoup. Les gens disent de lui : « Applique-le sur une blessure et la blessure guérira ». C'est vrai qu'il est bon. Mais à dix sept ans, on a toute la vie devant soi.

– Et selon mon rossignol, c'est quoi, la vie ? riait encore maman qui connaissait les partitions de sa fille sur le bout des doigts ».

Toute la vie devant soi...

Lamia pouvait imaginer n'importe quoi, même d'aller danser sur la lune. N'importe quoi, sauf la guerre... et plus une ombre de vie devant elle.

Quant à moi, je claironnais naïvement que lorsqu'il s'agissait des parents, les filles de la famille devenaient incroyablement aveugles et stupides. Maman avec un autre que papa ou papa avec une autre que maman ? C'était absolument inimaginable. D'ailleurs toute leur vie mes parents n'avaient pu être autre chose que mes parents. C'est du moins ce que je croyais avant qu'ils ne m'expliquent qu'ils s'étaient choisis et que c'était ainsi que naissait une famille.

A présent, c'est moi qui désirais savoir. J'avais soif du plus petit détail. Je regrettais les questions que j'avais négligées tant leur union me paraissait évidente.

Pourtant, j'en savais bien plus que je ne le réalisais. L'histoire de la naissance de ma famille reposait pêle-mêle dans le fouillis de mes souvenirs. Je ne cherchais pas à y mettre de l'ordre. Mais par le simple fait de revivre sans cesse ma vie au village, les évocations des uns et des autres s'enchaînèrent en un tout que je lisais et relisais en moi avec plus de ravissement qu'un conte de fée.

Et c'est ainsi que, bien plus tard, je t'ai raconté ce qui va suivre, Jad, parce que tu savais mon besoin de parler d'eux en les appelant par leurs noms et que tu m'écoutais avec ton cœur de mère.

*

Il était donc une fois, Najm et Saïdé, mon père et ma mère.

A vingt ans – qu'Allah vous prête longue vie ! Najm était grand, beau, hâlé et bouclé comme un archange d'Orient.

Les gens louaient son sourire enjôleur, son amitié de miel, sa main abondante, son humeur ensoleillée, sa facilité à vivre, sa serviabilité, son ardeur au travail, son adresse, etc.

En vérité, il était tout cela « et demi »... bourré de qualités et d'autant de défauts, mais son charme était tel qu'il menait tout le monde par le bout du nez.

Tout le monde excepté Saïdé dont il avait un peu trop tiré les tresses lorsqu'ils étaient enfants, parce qu'elle ne se gênait pas pour lui lancer dans un langage outrageusement poivré ce qu'elle pensait de toute sa personne en général et de sa chance au jeu de billes en particulier.

C'est vrai qu'il avait de la chance – en tout, d'ailleurs ! – et que les billes de Tannous, le frère de Saïdé, finissaient toujours par venir cliqueter dans ses poches. Mais d'ici à prétendre, sa main sur la croix, qu'il était parfaitement capable de tricher... ça alors, Saïdé n'avait plus qu'à aller se précipiter au confessionnal, tant son audace était offusquante.

Tannous n'était ni adroit ni débrouillard et sa sœur qui le défendait par principe, solidarité fraternelle, opposition à plus fort qu'elle ou tout autre obscure motivation – allez donc savoir avec une fille qui avait toute sa dentition contre vous ! – n'y allait pas de pied mort. Parce qu'en plus de son vocabulaire épineux en diable, elle possédait un registre très personnel de ruades que lui enviait plus d'un garçon.

Avec le reste de l'humanité, elle déployait une douceur plus savoureuse qu'un sorbet à la vanille. Et à seize ans – qu'Allah prolonge votre âge ! elle était si délicieuse, si fraîche et gaie, qu'un essaim de gars s'essayaient au *zajal* (20)

20. Sorte de joute poétique dialectale improvisée, chantée, rythmée et rimée, entre deux ou plusieurs partenaires. Au Liban, le Zajal est la poésie populaire par excellence.

romantique, dans l'espoir d'émerveiller ses oreilles et son cœur. Evidemment, Najm se gardait bien d'entrer en lice et s'en vantait avec une discrétion si ostentatoire que Saïdé fit courir le bruit que pour ce qui était du sens poétique, ce pauvre Najm s'en trouvait aussi dépourvu qu'un morceau de bois. « A quoi lui servaient donc ses beaux yeux noirs, je vous le demande, s'ils ne scintillaient comme vagues au clair de lune, se déroulant vers des rivages bruissants de rimes parfumées ? » Najm râlait, mais ne pouvant plus lui tirer les tresses, il se contentait de hausser les épaules et de la regarder d'aussi haut qu'il le pouvait.

Saïdé s'attendait à ce qu'un jour prochain, sa mère lui « tâte le pouls » pour savoir ce qu'elle pensait de celui-ci ou de celui-là. Ce qui signifiait que celui-ci et celui-là « avaient mis leurs yeux sur elle ». En vérité elle ne pensait rien de personne. Son cœur flânait tranquillement et n'accélérait sa cadence (une cadence indignée, sur son honneur) ! que devant les airs amusés de ce malotru de Najm qui se prenait ni plus ni moins pour la huitième merveille du monde.

Et puis, un jour parmi les jours, s'en revinrent au village des émigrés partis depuis plus de trois cent lunes dénicher la prospérité au-delà de la mer et de l'océan.

Fortunés, Abou Jériès et Emm Jériès l'étaient devenus. Mais plus leur bourse s'arrondissait, plus ils languissaient après leur petit pays, leur petite montagne, leur petite maison, leurs très vieux parents, leurs frères, sœurs, oncles, tantes, cousins, cousines, neveux, nièces, amis, voisins, etc.

Ils en parlaient la main sur le cœur, les paupières repliées sur leur trop-plein de lointain et la voix comme une berceuse frémissant au souffle du souvenir.

Ils disaient ce qui ne peut se dire, ce « chez nous » qui ne ressemble à nulle part ailleurs, ces sentiments de « chez nous » qui chantent, pétillent, éclatent, flamboient ou s'inscrivent en mémoire heureuse et silencieuse, longue et miroitante comme une coulée de lune.

Ils disaient le lien mystérieux qui relie les êtres à leur terre et ce langage au-delà des mots entre les êtres d'une même terre, et les couleurs et les senteurs qui mettent l'âme en fête, et les veillées, ces partages, moments intenses où les récits, l'écoute, les rêves et les rires lèvent comme un chant de flûte dans la souveraine paix du soir.

Ils disaient le plaisir de se connaître et de sans cesse se reconnaître, de se retrouver et se rassembler, et raconter les joies et les re-raconter pour les ramifier dans tous les foyers, et raconter la douleur et la re-raconter pour en défaire ensemble, tout doucement, le poids et les larmes.

Ils en dirent tant que leurs enfants contractèrent le mal du pays et que, sans l'avoir jamais connu, ils emplissaient leurs regards de lointain, et leurs voix comme une berceuse assuraient à leurs camarades que chez eux, là-bas, à l'autre bout du monde, dans leur petit pays tout en montagnes sur la mer, rien ne ressemblait à nulle part ailleurs.

Là-bas les gens vivaient ensemble, d'un bout à l'autre de la vie. Là-bas, la vieillesse n'était jamais solitude et l'enfance, peur et incertitude. Un geste, un mot, une caresse, un sourire, une porte ouverte, une écoute, une place à table... on en trouvait à toute heure du jour et de la nuit.

Parce que vivre ensemble c'était se couler dans mille tendresses et que la tendresse, c'était le soleil de la vie.

Et un soir parmi les soirs, le vent de l'Est souffla d'une autre manière, doux, embaumé, ensoleillé.

Il souffla comme un poème, comme s'il arrivait tout droit de ce petit pays, là-bas, à l'autre bout du monde, de ce petit pays où les gens vivaient ensemble, où les maisons s'entremêlaient les unes aux autres, où les parents appelaient tous les enfants « mon enfant ».

Il souffla comme un appel.

Ce soir-là, Abou Jériès et les siens ne supportèrent plus de voir le soleil disparaître au bout de la plaine qui leur servait d'horizon. Il leur fallait la mer pailletée de lumière aux pieds des montagnes, les nuages roses dans le jour déclinant et l'horizon ruisselant de pourpre et d'or.

Il leur fallait les voix du village, les appels du matin et ceux du soir, l'éveil des enfants au lever de l'Amour qu'est chaque aurore, leurs cris, leurs rires et leurs pleurs, aussi, sur les blessures que l'on efface d'un baiser.

Il leur fallait les enfants des autres avec leurs propres enfants, épis d'un même champ, bercés du même chant, inondés de la même pluie et de la même prière pour une moisson de vie, pour un infini d'espoir et d'amour.

Le vent souffla comme un secret renaissant et ils surent ce qu'ils savaient depuis toujours, un peu terni par le temps et la distance, que l'on n'est jamais aussi présent que dans les mains tendues en un même geste d'offrande et d'accueil, geste de prière, de rencontre, de re-connaissance, geste qui ouvre, infiniment.

Ce geste-là était pain quotidien dans leur petite montagne où le temps n'avait rien à voir avec les dates et le cumul de biens et de considérations... vite, vite... avant la maladie, la vieillesse, la mort.

Le temps était là pour vivre... surtout, pour aimer... surtout, de l'amour qui rend toute souffrance et toute joie source d'intense, de dépassement, de renaissance... de présence accomplie.

Abou Jériès et les siens humèrent ce vent d'Est, doux, embaumé, ensoleillé. Enivrés de nostalgie, ils décidèrent de retourner chez eux, dans leur petit village, et d'y marier leur premier fils, Jériès Junior, Georges, qu'on l'appelait outre-atlantique, vingt trois ans, élancé, un visage de prince des mille et une nuits, de grands yeux noirs emplis de rêves... et riche, ce qui, paraît-il, ne gâchait rien.

Qui ne se souvenait de Abou Jériès, au village, à part ceux qui étaient encore poussins lors de son départ et ceux qui étaient nés en son absence ? Les absents comme les présents gardent leur place, chez nous, et les absents presque plus que les présents, tellement on en parle à tout propos. En vérité, ce n'est pas parce que quelqu'un s'éloigne que vous l'ôtez de vos pensées. Les lettres d'Abou Jériès et de sa femme faisaient le tour du village. Leur vie, là-bas, tout le monde la connaissait par cœur. A la naissance de chacun de leurs enfants, trois garçons et trois filles (qu'Allah les garde en bonne santé et garde leurs parents au-dessus de leurs têtes), leurs tétas avaient confectionné des quantités de *meghleh* (21), un grand plat pour chaque maison.

21. Douceur préparée aux naissances, à base de farine de riz, de carvi et de sucre en poudre, abondamment garnie de pistaches, noix, pignons de pin et amandes.

Leurs geddos avaient offert l'*arak*. Tout le monde avait bu à leur santé et demandé qu'Allah les fasse revenir dans la paix.

Et lorsqu'ils revinrent, il y avait foule sur la place de l'église, pour leur souhaiter la bienvenue. « O mes yeux ! », quelle réception ! Quelque chose d'incroyable ! Et les cloches, et l'offrande du pain et du sel, et les embrassades, et les discours, et les rires, et les pleurs...

Mais en premier, Abou Jériès s'agenouilla pour embrasser sa terre. Ensuite, on lui offrit de l'eau fraîche de la source. Il but longuement en tenant la gargoulette à bout de bras, pour montrer qu'il avait toujours la main. Ensuite il rentra à l'église saluer son saint patron et lui dire la joie de son retour.

Quant à Jériès, c'est vrai qu'il était beau comme la lune, mais il avait tout l'air d'être tombé sur cette même lune. Pensez un peu ! né de l'autre côté du monde, là où chacun vit pour soi et Dieu pour tous, et que les noms des voisins, c'est à peine si on les connaît, il constatait qu'entendre raconter une chose et la voir de ses propres prunelles, ce n'était pas pareil, mais alors, pas du tout ! Il écarquillait ses beaux yeux pensifs et lorsqu'ils tombèrent sur Saïdé, ils s'y fixèrent si éblouis, que tout le monde le remarquât et se réjouit d'une belle noce en perspective.

Tout le monde ? Hum ! Pourriez-vous dire pourquoi, à ce moment précis, Najm vit Saïdé à travers le regard de Jériès et décida que ça ne se passerait pas comme ça et qu'on allait voir ce qu'on allait voir ?

Décidément, le cœur a vraiment des raisons que la raison ne connaît pas.

Et pourriez-vous dire pourquoi, à ce moment précis, Saïdé rosit comme nuage au couchant, non pas à cause de Jériès, mais bien à cause de Najm ?

Abou Jériès et Emm Jériès commencèrent par sacrifier aux coutumes. Ils visitèrent les foyers frappés de deuil en leur absence. Ils dirent la profonde douleur ressentie malgré la distance, demandèrent force détails et se lamentèrent aussi abondamment que sincèrement, avant de conclure que c'était « comme Allah voulait ».

Ensuite le village défila chez eux pour leur re-souhaiter la bienvenue et leur dire l'immense joie de les revoir.

Ensuite ils rendirent les visites, félicitèrent les fiancés, les nouveaux mariés, les heureux parents de nouveau-nés, etc., etc.

Ensuite ils furent libres d'aller et de venir selon leur bon plaisir et de « tâter le pouls » de Jériès (rôle dévolu à la mère) pour savoir si l'éblouissement du premier jour n'était que mirage ou certitude de son cœur. Hélas ! Saïdé lui plaisait de plus en plus, mais il était impossible de savoir ce qu'elle en pensait.

Qu'à cela ne tienne, on allait entamer la procédure d'usage et on verrait bien.

Emm Jériès en parla à Abou Jériès, qui en parla à son frère aîné, qui en parla à je ne sais plus qui, qui en parla au frère du père de Saïdé, qui en parla à son frère, qui en parla à sa femme, qui entreprit de sonder le cœur de sa fille. Bien entendu, on ne la forçait pas. Il ne fallait pas qu'elle s'imagine que son père très aimant avait hâte de l'expédier sous un autre toit. Mais rien ne l'empêchait de réfléchir, vu que Jériès était jeune, beau, honnête et riche... ce qui ne gâchait rien... et les voyages, pense un peu ! le bateau, la mer, un nouveau pays, des beaux-parents « sur leur cœur comme du miel », un époux si doux que tu serais reine jusqu'à ton dernier souffle, pense un peu ! et puis ton cœur n'est pas pris ailleurs, que je sache ?

Eh si ! son cœur était pris, elle ne comprenait pas encore comment, c'était vraiment un mystère. Il lui avait joué un drôle de tour, fondre pour ce malotru de Najm, lui entre tous, qui ne disait plus un seul mot, qui se contentait de lui lancer des regards sombres, qui ne la contredisait même plus, Allah ! que ça lui manquait ! Et comment prendre une décision, s'il se confinait dans le silence ? Un mois que cela durait ! Allait-elle, par dépit, se jeter dans les bras de Jériès ?

Najm ne parlait pas pour la bonne raison que, bouleversé par la soudaineté de ses sentiments, il ne distinguait plus le Nord du Sud. Et puis, il n'était pas sûr des sentiments de Saïdé. Et puis un mauvais génie lui soufflait qu'entre les voyages et lui, il se pouvait fort bien que Saïdé lui tournât gracieusement le dos. Et puis ils s'étaient toujours trop affrontés. Et puis la demande de Jériès était presque officielle. Déjà tout le village en parlait... Et puis...

Et puis il n'y tint plus, se précipita à confesse et supplia le curé qui connaissait les péchés et les non-péchés de tous de lui venir en aide.

Abouna sourit. Et d'un : il n'avait pas les yeux dans la poche. Et de deux : il savait très bien à quoi s'en tenir. Il avait baptisé, confirmé, préparé à la première communion, confessé et réconcilié maintes fois ces deux nigauds qui n'avaient rien fait d'autre (tiraillement de tresses et ruades inclus) que de s'aimer sans jamais vouloir le reconnaître. Il avait suffi qu'on veuille très sérieusement lui souffler Saïdé pour que ce grand benêt de Najm daigne enfin ouvrir les yeux.

Le soir même, Abouna alla veiller chez les parents de Saïdé. Il accepta un verre d'*arak*, s'enquit de la santé de chacun, parla du temps et des semailles, des enfants qui « lorsqu'ils sont petits marchent sur les pieds de leurs parents et lorsqu'ils grandissent marchent sur leurs cœurs, *inchallah* qu'ils nous enterrent ! » que de toute façon ils grandissaient trop vite et que les parents, n'est-ce pas, ne voulaient que leur bonheur, même au détriment de la raison ou de certains avantages apparemment alléchants, mais allez savoir ! Il parla aussi des jeunes gens du village, honnêtes, sérieux et que lui, Abouna, ne préférait pas l'un à l'autre, non, ils étaient tous ses enfants, mais en mariant deux enfants dont l'un seulement aimait, on rendait l'autre malheureux, ce qui, forcément, finissait par faire deux malheureux...

Je ne sais quel discours il servit à Jériès et à ses parents, le lendemain soir. Son sermon du dimanche dérouta l'assemblée. Il prôna pêle-mêle l'abnégation, la générosité de cœur, la patience, cette magnifique vertu qui ne manquait jamais de porter des fruits, et la hâte de favoriser ce qui était bon à favoriser, l'attente risquant d'étioler les meilleurs fruits. A chaque oreille ce qu'elle devait entendre !

Cependant Najm était trop jeune et son père pensait, non sans raison, qu'il lui fallait se mettre une bonne dose de plomb dans la tête, avant d'assumer la responsabilité d'un foyer.

« C'est bon », conseilla Abouna qui pensait que Saïdé aurait vite fait de stabiliser son époux. « Soupire tant que tu peux dans le sillage de ta mère, mon petit Najm, et je te garantis que les choses iront au galop ».

Najm soupira, se fit dolent et perdit l'appétit. Un jour, seulement. Car le soir même, inquiète du manque de vitalité de son fils et craignant un début de maladie pernicieuse, la mère le tâta physiquement et moralement. Grâce à Dieu, il n'avait ni fièvre ni mal nulle part. Il n'était qu'amoureux, *inchallah* qu'il l'enterre ! Elle faillit tomber à la renverse quand elle apprit de qui. C'était pas Dieu possible, déjà que tout le monde l'unissait à Jériès.

« Voyons, dit Abouna, appelé en consultation, deux demandes ne sont interdites ni par les lois de l'église ni par les lois civiques. Alors ? »

Alors la mère entreprit le père, qui en parla à son frère, qui en parla à Abouna, qui en parla directement au père de Saïdé, qui en parla à sa femme, qui sonda le cœur de sa fille en sachant fort bien la joie qu'elle lirait dans ses yeux.

Jériès se fit une raison, épousa quelqu'un de moins tumultueux que Saïdé, de plus assorti à ses grands yeux rêveurs et on dit qu'il en fût très, très heureux.

*

Mes parents aussi furent heureux ensemble. Vraiment heureux. Et nous sommes nés de leur bonheur. Je revois leur photo de mariage dans la salle de séjour, entourée de celles de nos baptêmes et de nos premières communions. Que n'ai-je pu les emporter avec moi ? Etaient-elles intactes sous les décombres ?

Depuis, j'ai vu bien d'autres ruines. Un détail me bouleverse souvent : celui d'un jouet intact près d'un corps d'enfant en bouillie. Il y a quelques jours à peine, après l'explosion d'une voiture piégée qui a fait tant de morts et de blessés, j'ai vu une poupée près d'une petite fille brisée. Je l'ai ramassée. Elle gardait encore la tiédeur des bras qui venaient de la bercer. J'aurais voulu lui donner un souffle. Le souffle de l'enfant partie. Et son rêve de bonheur sans menace. Il me semblait que ses yeux châtains aux paupières mobiles reflétaient le dernier regard d'adoration de la petite fille, et ses mots de tendresse, si soyeux, si fabuleux de vérité, coulant d'une bouche enfantine.

Aveuglé par les larmes, j'ai posé la poupée intacte près de l'enfant aux bras croisés sur son visage... rempart dérisoire, pitoyable, déchirant.

L'instant d'avant elle souriait encore... présente, infiniment... aimante, infiniment... liseron levé buvant le ciel de ce matin bleu, corolle modelée aux offrandes de ce jour, et ronde, si ronde de sa vie qu'elle croyait à perte de vie... de l'amour qu'un enfant sait si pleinement donner et recevoir.

Pourquoi devait-elle partir brisée ? Pourquoi avait-on défait ses promesses ? Pourquoi l'avait-on lacérée de haine ?

Mon père, ma mère, j'ai appris à donner les premiers soins aux blessés, à encourager, à consoler, à soulever doucement un brancard pour éviter les douloureuses secousses, à courir vers une ambulance en portant un petit être inerte, mais peut-être encore vivant. Devant un enfant en agonie, je retrouve vos mots et vos gestes, pour me frayer un chemin jusqu'à son épouvante. J'arrondis mes bras en berceau, j'y mets toute la douceur du monde, la tienne, ma mère, quand tu berçais ma fièvre et que ton chant s'élevait dans la pénombre du crépuscule, comme un parfum d'encens dans un sanctuaire.

Ton chant, maman, comment pourrais-je

l'oublier ? Je l'ai entendu si souvent dans les abris, mille fois multiplié sur les lèvres de mille mères. Je l'ai chanté, moi aussi, à des enfants sans mère, et ton visage était là, avec la mélodie vivante, renouée à ta voix pour chasser l'épouvante, douce, si douce dans le fracas de la mort, s'élevant en volutes de prière, d'espoir et de certitude :

O lallâa, mon enfant qu'Allah le veille.

O lallâa, que tous les anges du paradis le veillent.

Mon enfant est la lune, mon enfant est l'aurore,

Mon enfant est plus beau que la plus belle perle de la terre.

C'est ainsi que tu nous berçais, maman, et ton chant dansait sur tes lèvres, ton chant de louange et de prière pour « ceux que ton cœur avait vus, bien avant que tes yeux ne les voient ».

O lallâa, qu'il s'endorme, mon tout petit.

O lallâa, que le sommeil vienne à lui.

O lallâa, qu'il aime la prière et qu'il aime la Vierge.

Je t'écoute, maman, et ma prière s'élève du fond de mon enfance et de toutes les enfances que j'ai vues bercer dans les abris. Je chante comme toi, maman, et comme toutes les mères qui retiennent leurs larmes pour rendre moins dense la peur de leurs petits :

Dors, ô mes yeux,
Basilic de mon jardin.
Qu'Allah te protège de tout mal,
Maintenant et toujours.

Ecoute, ton père prie.
Ecoute, ta mère prie.
Nous sommes entre les mains d'Allah,
Que pouvons-nous craindre ?

Dors, ô mes yeux, basilic de mon jardin.

Et quand le fracas de la mort s'estompe aux premières lueurs de l'aube, je prie, maman, pour tous les enfants brisés de cette terre en délire.

Je prie et je t'écoute encore, maman, toi dont le chant était sève et prière. Tu disais, en nous serrant contre toi : « Ah ! saurais-je vous apprendre toute la tendresse qui prie en moi ? »

Oui, maman, tu nous as appris toute la tendresse qui priait en toi. Tu nous as appris à voir, à écouter, à toucher la vie. Tu nous as appris que rien n'était plus beau, plus fabuleux, plus important, plus essentiel que d'aimer. Et papa nous l'a appris avec toi.

Mais ni toi ni lui ne m'avez appris à ne pas pleurer devant l'horreur sans nom. Ni à ne pas me demander pour qui, pourquoi on tue les gens de cette manière. Ni à fourrer les débris d'un être humain dans un sac en plastique, sans un tremblement de toute mon âme. Ni à comprendre la guerre.

Je ne comprends pas, je ne comprendrai jamais la guerre.

Mon père, ma mère, où est-elle, à présent, cette enfant à la poupée intacte ? Où joint-elle ses mains en une prière sans fin ? Elle avait le même regard creusé d'épouvante que ma sœur Hala, le jour où... j'ai clos ses paupières sur ses prunelles aveugles, geste que je n'ai pu faire pour vous, ma famille, parce que je ne savais pas.

Etrange sensation que de fermer pour toujours le visage d'un petit être, comme pour parfaire son départ de cette terre. J'aime à penser qu'elle a retrouvé son regard de lumière, là-haut, dans la lumière qui n'a pas de fin, près de quelqu'un qui l'appelle « lumière de mon cœur, mes yeux, ma maison, mon âme, ma vie ». Parce que c'est cela qui reste, maman, ce chant sourcier et nourricier que rien n'efface, parce que sans amour, c'est vrai qu'il n'y a pas d'âme.

Mon père, ma mère, sont-ils vivants ceux qui tuent et ceux qui fabriquent des armes ? Ont-ils jamais arrondi leurs bras en berceau pour enclore une vie et éveiller son âme en l'appelant « mon âme » ? Ne savent-ils pas que dans une telle étreinte, tout se dénoue, et s'ouvre, et naît, et renaît, et se multiplie... infiniment ? Ne savent-ils pas que c'est en se pensant la maison de ceux qui l'aiment, qu'un enfant apprendra qu'il peut devenir une maison pour tout être, édifiée pour accueillir, donner sa *mouneh* (22) en abondance, réchauffer et laisser la porte ouverte, pour permettre à chacun de prendre son envol vers l'essentiel !

Mon père, ma mère, j'aurais voulu savoir peindre et tracer l'indicible en couleurs de lumière. J'aurais voulu savoir jouer de la flûte et moduler l'indicible en trilles de lumière. J'aurais voulu être poète

22. Provision annuelle de céréales, légumineuses et conserves de légumes dans de l'huile ou du vinaigre, faite au début de l'automne.

et rimer l'indicible en cadence de lumière. Parce qu'en m'appelant votre âme, avec votre regard de tendresse, vos bras si chauds de tendresse, vos mots si clairs de tendresse, vos mains joignant les miennes pour une prière de tendresse, vous m'avez fait lumière pour l'éternité de chaque battement de mon cœur.

En m'appelant votre maison, vous m'avez fait maison ouverte à toute la terre.

Dans cette maison, la guerre ne rentrera jamais.

*

Noël approchait. A la tristesse de notre exil s'ajoutait une recrudescence de violence. Ça tirait de toutes parts. Dans ces conditions, Noël nous paraissait plus lointain et insaisissable qu'une étoile.

Avides de ressentir un peu du bonheur d'antan, nous nous pelotonnions un peu plus dans nos souvenirs. Dans la cour, Jad délaissait les jeux. Il s'asseyait près de moi et balançait longuement ses jambes avant d'entamer ses monologues.

« Je déteste la guerre, disait-il d'une voix sourde. C'est ce que je déteste le plus au monde. Pourquoi nous n'avons plus de mamans ? Pourquoi nous sommes ici ? Pourquoi nous devons avoir tout le temps peur ? Tu entends les coups ? On ne dirait pas que c'est bientôt fête. Chez nous, les soirs avant Noël, avant d'aller dormir, maman éteignait toutes les lampes de la maison pour laisser celles de la crèche et de l'arbre. Elles s'éteignaient et s'allumaient les unes après les autres et ça faisait comme si elles couraient dans l'arbre. Et la lumière de la crèche, elle est toujours plus belle que toutes les autres, tu ne trouves pas ? Elle ne ressemble à aucune autre. Dis, est-ce que tu crois au Père Noël ? Moi, il y a des siècles que je n'y crois plus. On faisait pousser des grains de blé et des lentilles. Ça montait si beau. Et puis on avait des tas de prières et de chants. Maman me prenait sur ses genoux et elle disait : « Chante avec moi, mon âme ». Je chantais un peu et puis je m'arrêtais pour l'écouter. Parce qu'il faut que je te dise, maman avait la plus belle voix du monde. Je te le jure, même que papa le jurait ».

Jad se taisait brusquement, les lèvres tremblantes. Comme moi, il répugnait à pleurer devant les autres. Je crois qu'il craignait autant que moi ce « pourquoi pleures-tu ? » auquel il est impossible de répondre quand la douleur vous étouffe.

Ma maman aussi avait la plus belle voix du monde. Mon papa aussi le jurait : « Sur mon honneur, ô femme, je crois entendre un ange ». En épousant Saïdé, Najm s'était découvert une âme de poète. Moi aussi, il y avait des siècles que je ne croyais plus au Père Noël. Avec la guerre, c'est à peine si j'arrivais encore à croire à Noël.

Tandis que Jad ravalait ses larmes, nous regardions le ciel. Un ciel de cour d'orphelinat, coupé de la terre. Un morceau de ciel sans montagnes et sans mer. Les nuages défilaient, lents, gris, tristes, comme s'ils avaient perdu leur chemin.

Lorsqu'il pleuvait, nous nous tenions sous le préau. La tristesse nous y suivait, plus dense et tassée qu'à l'extérieur. J'étouffais. Jad me prenait la main :

« Si seulement tu pouvais parler. J'aimerais connaître la couleur de ta voix. Si au moins tu faisais oui ou non de la tête quand je te pose des questions. Tiens, j'ai une idée. Ecris-moi quelque chose, que je sache au moins si tu as des pensées. Je réponds à ta place à tout le monde et je ne sais pas si je parle la vérité. Nassim, je te jure que tu es mon frère. Pas un frère pour rire. Un vrai. Et tu es mon meilleur ami. Seulement, c'est fatiguant un ami qui ne cligne même pas des yeux pour me dire qu'il m'entend. *Ya Mar Elias,* quand est-ce qu'il viendra ce choc qui te fera parler ? Tu ne veux pas me dire si je suis ton meilleur ami ? »

O douces paroles à moi personnellement dédiées. Je recevais tout de mon Jad sans rien lui donner en retour. Paralysé par ma mutité, j'avais oublié que les signes aussi étaient approche, lien, langage. Je secouai ma tête en un oui frénétique, déliant ainsi mon silence de sa solitude.

Jad m'immobilisa d'une main affolée : « Arrête, que tu vas te la décrocher. N'empêche que je suis heureux. Dis, c'est la première fois que tu souris. Et quand tu souris, tu veux que je te dise ? Tu es mon plus beau frère du monde ».

*

La deuxième fois que Jad fût appelé au parloir, je ne bougeai pas plus que la première fois. Il fila, absolument fou de joie. Quelque chose me disait qu'il allait réapparaître aussi vite qu'il avait détalé. En effet, il revint en trombe : « Tu sais ce qu'il a dit, papa ? » Il a dit : « Comment, tu viens seul ? Où est-ce qu'il est, ton frère Nassim ? » Vite, vite... *Ya Allah !* ce que tu peux être lent. *Yalla,* s'il te plaît, il nous attend ».

Je n'avais pas la vivacité et l'impatience de Jad, face à ses bonheurs. Au fond, je n'y croyais pas du tout. Une petite voix insidieuse me répétait inlassablement : « Il « nous » attend, aujourd'hui. Mais demain, lorsqu'ils partiront pour de bon, ils feront un « nous » à eux deux. Et moi, je mourrai. Sûr que je mourrai ».

Comme la première fois, il se leva à

notre approche et je me jetai dans ses bras. A cette minute, je réalisai que je l'avais attendu avec la même intensité que son fils. Ce père, je l'aimais de l'amour que lui portait Jad.

Il me prit le visage entre ses mains. Je le buvais avidement du regard. Je voulais qu'il me dise : « Tu es à moi ! » Oh, Dieu ! que je voulais lui appartenir. Pour de bon. Pour toujours. Pour être sûr qu'il ne m'enlèverait pas Jad.

Il ne dit rien. Il sortit deux minuscules voitures de sa poche et nous les tendit en souriant. Je pris la mienne d'une main tremblante. Un cadeau. Un cadeau à moi, Nassim. Il avait pensé à « nous deux » en les achetant. A nous deux « ensemble ». A Jad et à Nassim. J'existais donc pour lui, en dehors de ce parloir ?

Je le regardai de nouveau. Il m'aimait. A cette minute, j'en étais sûr. Son sourire me le disait. Sa main sur mes cheveux me le disait. Son cadeau dans ma main me le disait. Ils m'aimaient, lui et Jad. C'était immense, c'était recommencement « d'être », c'était mon village qui revenait un peu à moi...

C'était tout ce qui comptait pour l'instant !

*

Nous étions à trois jours de Noël. Inconsciemment, j'attendais la disparition de la guerre. Noël et la guerre, ça ne collait absolument pas.

La guerre, c'étaient les explosions, la mort, l'abolition du bonheur et des fêtes, le noir et la peur.

Noël, c'étaient les étoiles, les crèches, les chants, les feux pétillant partout. Il me semblait que le ciel et la terre s'imprégnaient d'une douceur secrète, comme appelés à plus d'intense présence, pour accomplir ce que mes parents appelaient « l'immensité d'un don d'amour ».

Chez nous, papa et Youssef s'occupaient du sapin, tandis que maman et Lamia ouvraient le grand carton où dormait notre crèche. Elles en déballaient les personnages avec des gestes ouatés de précaution. Un à un, ils surgissaient de la paille, toujours aussi merveilleux, mystérieux et recueillis que les années précédentes. Oui, même le bœuf, l'âne et les moutons. Milad, Hala et moi les regardions en silence, emplis d'un bonheur tout aussi mystérieux et recueilli.

Ainsi regroupés sur la table, il me semblait que là, sous nos yeux extasiés, nos santons déplissaient et redéployaient leur histoire, avant de s'acheminer vers la crêche. Ensuite nous démêlions les cheveux d'ange, légers, presque immatériels entre nos doigts et je retrouvais l'ineffable sensation de palper des étoiles.

Le lendemain, maman confectionnait des gâteaux de toutes sortes et des montagnes de biscuits en forme d'étoiles, de quart de lunes, de sapins, de bonhommes de neige et de fleurs. Elle en faisait pour nous, les parents, les visiteurs, les voisins et les amis. La maison embaumait la vanille et le sirop, odeur scintillante, odeur pleine d'impressions et d'histoires... de mémoire heureuse.

En rentrant, le soir, papa s'exclamait : « Que Noël sent bon, chez nous, puisse Dieu vous garder tous dans la paix ». Et maman répondait : « Puisse Dieu te garder au-dessus de nos têtes, toi le pilier de notre maison, et puisse-t-il ouvrir tous les cœurs de la terre ».

Non, Noël avec la guerre, ce n'était pas possible. Pourtant, quand on avait vu un village écrabouillé en quelques heures, on pouvait bien penser que tout était possible. De toute manière, à l'orphelinat on ne « sentait » pas Noël comme à la maison.

Soudain je me rappelai les fleurs d'orangers de maman et me mis à renifler comme un chiot sur une piste.

« Tu n'as pas de mouchoir ? dit Jad. Tiens ! prends le mien ! Et tiens ! voilà Ramzi qui vient s'asseoir avec nous. Faisons-lui une place ».

Je me poussai un peu et nous balançames nos jambes tous les trois en cadence. Ramzi était anormalement pensif. Il regarda Jad de biais, puis se lança dans ses tirades : « Après-demain, j'irai à la maison pour la fête. Ma maman va m'offrir une chambre pleine de jouets et mon papa... » Jad me heurta du coude pour me dire : « Tu vois ? C'est toujours pareil ! »

Mais nous n'avions pas envie de rire. La tristesse de Ramzi était aussi épaisse que la nôtre... et combien désespérée.

« Oui, dit Jad, pour le consoler. Oui, sûr, un jour, les choses finissent par arriver comme on les aime. Mais parfois il faut attendre. Sûr que tes parents t'aiment, Ramzi. C'est pas leur faute s'ils ont des problèmes. Mais pense un peu ! Ils sont TOUJOURS vivants ! »

Ce même jour, à l'heure de l'étude, sœur Marie vint chercher Jad. Je pensai qu'elle avait besoin de son aide pour pousser les bancs de la chapelle, en vue du grand ménage de la fête. Pour une fois, son absence m'arrangeait. Je voulais, en guise de cadeau de Noël, lui faire un grand dessin accompagné d'une lettre, projet que je ne pouvais entreprendre en sa présence.

Je n'avais encore jamais dessiné, à l'orphelinat, aussi j'imaginai sa surprise et sa joie.

Tout d'abord je dépliai son dessin à lui que je gardai précieusement, et le contemplai pour y puiser de l'inspiration. Ensuite je sortis la petite voiture de son père, garée dans ma poche. Mes deux trésors sous les yeux, je fus pris de panique. Je me vis seul avec ces souvenirs, alors que Jad serait parti avec son père. Noël ou pas, disparition de la guerre ou pas, je n'avais de place nulle part ailleurs que dans l'enceinte de cet orphelinat.

Dieu ! que j'avais soudain besoin de paysages et de course libre sur des chemins ouverts. Dieu ! que j'avais besoin de me jeter dans les bras de ma mère.

Redire « maman ! » une fois, une seule fois et sentir la caresse de sa main sur mon front brûlant. Réentendre sa voix, une fois, une seule fois, m'appeler « sa vie », et mourir ensuite, parce que sans elle, le monde était atrocement vide. Elle avait été ma constance, ma permanence, ma confiance, ma lampe, lorsque la terre accueillait la nuit, et mon soleil de toutes les saisons. Elle avait été mon Noël de tous les jours, mon tout, et elle était partie. Dieu ! que j'avais froid. Vivante, elle ne m'aurait jamais abandonné. Qu'étais-je, après elle, pour les autres ? Qu'étais-je pour Jad, petit garçon lui-même sans mère, qui ne voulait pas me quitter, mais qui ne pouvait pas plus que moi décider de son sort ? Qu'étais-je pour son père que j'aimais et qui allait m'abandonner là, coincé dans l'enceinte de cet orphelinat, à jamais ?

Je luttai de toutes mes forces contre la marée noire qui me submergeait une fois de plus. Je ne voulais pas pleurer au milieu de l'étude. Et puis, il me fallait dessiner pour

Jad. Près de moi ou loin de moi, il m'avait ouvert une aurore. Ce n'était pas de sa faute si elle devait se refermer.

Je dessinai un jardin de fleurs de toutes les couleurs, avec un soleil immense dans un ciel bleu sans nuages. J'écrivis : « A Jad, de son ami Nassim, un cadeau de Noël ». Ensuite j'entrepris de rédiger ma lettre. Je m'appliquai, essayant de repérer mes fautes, ce qui s'avéra vite impossible. A sept ans, quand on hésite sur l'orthographe d'un mot, la réflexion est bien plus torturante qu'efficace : elle ne peut éclairer ce qu'on ne sait pas. Je laissai donc courir mon bic : « A mon ami Jad, je souhaite un Joyeux Noël avec la visite de ton papa. Il est grand, il est beau, il est gentil, je l'aime beaucoup parce qu'il est ton papa et vous allez être heureux ensemble, et moi, je serai content. Jad, ne m'oublie jamais, parce que moi, je ne t'oublierai jamais. Ton ami de maintenant jusqu'à ce qu'on meure. Nassim ».

Je pliai soigneusement mes deux feuilles en quatre et les glissai dans la poche de mon tablier. La cloche retentit avant le retour de Jad.

*

Il bruinait et nous nous dirigeâmes vers le préau. J'en fis trois fois le tour. Pas trace de Jad. Pourquoi le retenait-on si longtemps ? Serait-ce... O Dieu !... non !... pas ça !... je vous en supplie, pas ça !... serait-ce que son père l'avait emmené pour les fêtes ? Il ne pouvait partir sans me revoir.

Je sortis dans la cour. Je voulais m'isoler sur notre banc, loin des cris et des bousculades. J'offris mon visage à la bruine glacée de décembre. J'entendis le tintement d'une cloche, au loin. Doux, léger, si pareil à l'appel de chez nous. Au-delà des murs de l'orphelinat, il existait donc des villages, des maisons, des gens qui vivaient comme nous vivions autrefois ? Emprisonné dans ma détresse, je l'avais oublié. Ma seule réalité extérieure était la guerre.

J'écoutai le tintement joyeux de la cloche. Il me transporta de colline en colline et me déposa au pied de la crèche de notre petite église, entre Milad et Hala, mon frère et ma sœur. Je touchai le papier brun, tâcheté de roux et de vert. Je contemplai les petites maisons à l'intérieur desquelles de petites lampes prêtaient une vie mystérieuse. Que j'aimais la lumière de la grotte ! Jad avait raison de dire qu'elle était incomparable. Tout au fond, Marie, Joseph, l'âne, le bœuf et la paille de la mangeoire attendaient l'arrivée de Jésus, pour la messe de minuit. J'aurais voulu devenir berger et m'agenouiller là, dans cette lumière à nulle autre pareille, dans cette paix recueillie qui diffusait toute l'espérance du monde.

La cloche de l'orphelinat me vrilla les tympans. Je me retrouvai dans une nuit hostile, dégoûlinante de bruine. Je me sentis si faible et désemparé que je ne bougeai pas. Que m'importait le froid, la pluie et Noël, du moment que je n'appartenais à personne. La nuit pouvait m'engloutir. Ne plus penser, ne plus se souvenir, quelle délivrance !

La petite cloche s'était tue. Les bombes la relayaient. Elles portaient la mort de colline en colline. Revenaient-elles sur notre village noir, en cette veille de Noël, alors qu'autrefois les offrandes, les souhaits et les prières commençaient leur ronde de partage ? « Je vous apporte votre part de douceurs, ô voisines. Double santé et bonheur. Puissiez-vous fêter jusqu'à cent ans et que chaque année vous trouve dans la paix ! »

Fêter Noël au village. Prier sur les genoux de maman. A travers nos mains jointes, sentir le ciel s'ouvrir et ruisseler d'anges et de chants : « Gloire à Dieu au plus haut des cieux et paix sur terre aux hommes de bonne volonté ».

Paix sur terre. J'entendis la voix de maman : « La paix, lumière de mon cœur, c'est l'amour et le respect de la vie ».

La paix, ma douce maman ? Entendais - tu les bombes, du haut de ton ciel ? En ce moment même, d'autres familles étaient anéanties. En ce moment même, d'autres enfants mouraient à la vie, à leurs tendresses. Mon Noël était peuplé de corps disloqués ou brûlés, ceux que j'avais vus au village, ceux que je voyais à la télévision, ceux dont j'entendais parler et ceux qui tombaient en ce moment, alors que le monde s'apprêtait à chanter l'ouverture des cieux.

Mon Noël était peuplé de morts.

Effondré sur mon banc, je suppliai le ciel de me rendre à ma mère.

Une nouvelle fois, je me réveillai à l'infirmerie. Sœur Marie me sécha, m'enveloppa dans une grande serviette chaude et me fit avaler un morceau de sucre imbibé de cognac. Malgré cela, je tremblais de froid et de lassitude. Jad me secoua comme pour finir de m'égoutter : « *Ya Mar Elias,* quand cesseras-tu de nous faire peur ? Chaque fois, je crois que tu es mort. Et tu n'as choisi qu'aujourd'hui ? Aujourd'hui, surtout, il ne faut pas mourir. Jure-moi que tu ne mourras pas, surtout aujourd'hui ».

Il criait, mais à mesure qu'il scandait ses « aujourd'hui », une joie intense illuminait son visage. Il semblait retrouver un bonheur tout frais et si grand qu'il en perdait momentanément l'esprit. Il se tourna vers sœur Marie :

« Dis-lui, s'il te plaît, dis-lui qu'il faut être heureux, aujourd'hui, même s'il ne sait pas pourquoi.

– Chut ! fit sœur Marie. Tu aimes Nassim, n'est-ce pas ? »

Elle appuya trop fort sur le « aimes ». J'eus l'impression qu'elle sous-entendait quelque chose que je ne devais pas saisir. Mais Jad comprit qui dit : « Oh, oui ! » et se calma aussitôt.

Bien plus tard j'appris que son père était venu, ce jour-là. Il avait longuement parlé avec la mère supérieure et sœur Marie avant d'appeler Jad. Il venait lui offrir le seul cadeau que son petit garçon réclamait avec insistance, mais il lui demandait de patienter encore, parce que ce cadeau très particulier demandait des tas de formalités pour devenir permanent.

Aujourd'hui encore j'admire l'amour de ce père qui aurait pu emmener son enfant en cette veille de Noël.

J'admire surtout l'acceptation de son enfant et son silence, alors qu'il brûlait de me chanter sa joie. « Tu comprends, m'expliqua-t-il plus tard, il y allait de ta guérison ».

Lorsque nous fûmes seuls, j'allai retirer mes cadeaux de la poche de mon tablier. Ils étaient trempés, mais encore visibles et lisibles. Jad les déplia avec soin, dit qu'il n'en avait jamais reçus d'aussi beaux (il exagérait, certainement !) et les mit à sécher sur le couvre-lit.

Le jour de Noël, « il » vint nous voir avec deux gros ballons pour jouer au foot, deux petits sachets de ballons à gonfler et deux sachets de caramel. Nous avions déjà reçu les étrennes de l'orphelinat : des jeux, des bonbons et des livres. Rien de comparable aux objets pensés, achetés, touchés par LUI.

Il aurait voulu nous offrir une longue promenade. Mais avec les bombes, cela n'était guère raisonnable. Nous nous contentâmes d'un petit tour à l'extérieur. Il faisait beau. Je fus surpris de nous trouver encastrés dans une vallée. Où donc était la mer ? J'aspirai l'air avec délice. Dieu, que les montagnes étaient belles, parsemées de petits villages.

Il marchait lentement en nous tenant par la main, Jad d'un côté et moi de l'autre. Il se pencha comme le faisait mon père :

« Alors, Nassim, es-tu content de sortir, un peu ?

– Oui, papa, dit Jad. Il est très content et il aime beaucoup son ballon. Tu ne vois pas comme il le serre sous son bras ? »

Jad serrait le sien de la même manière, mais je ne pouvais en faire la remarque. Je me contentai de sourire et d'acquiescer de la tête.

« Vous ne voulez pas courir et jouer ensemble ? reprit-il.

– Non, papa, dit Jad. Depuis que je le connais, il n'a jamais couru ni joué. Dis, tu crois que quand... tu sais, toi... quand... tu crois que...

– Oui, dit-il. Oui, j'en suis sûr ».

Nous avançâmes en silence. Je ne cherchai pas à percer les points de suspension de Jad. Mon Noël était beau, après tout, qui me donnait cette grande main pour ma première sortie. Une grande main de papa, douce et forte à la fois, et si rassurante. J'y approchai mon visage. En fermant les yeux, je pouvais presque croire que c'était celle de mon père.

Jad lâcha tout à trac :

« Tu sais, papa, avant-hier, il a voulu

mourir sous la pluie. Dis-lui que nous, on ne veut pas qu'il meure. Dis-lui quelque chose ! »

Avais-je vraiment voulu disparaître ? Je ne le savais plus. Après tout, la vie, la mort, c'était parfois tellement pareil. On mourait tant de fois avec la guerre. J'étais mort avec les miens. Je mourais de frayeur avec les fantômes de la nuit. Je mourrai lorsque Jad partirait.

Mais il y avait des fois, comme ce matin, où on se sentait délicieusement renaître, où les êtres autour de soi redevenaient réels.

« Il » serra ma main. Je levai la tête et rencontrai son regard. Le regard de mon papa lorsqu'il m'appelait son âme.

« Nassim, mon âme, dit-il, je t'aime très fort. Jad et moi nous t'aimons pour toujours ».

Ça, c'était la vie. Il n'y avait pas à s'y tromper. Dieu, que le soleil resplendissait, ce matin-là.

*

Le second trimestre se déroula, lent et monotone. Jad changeait à vue d'œil. Il travaillait avec application, mais sa pensée était visiblement ailleurs. Il ne disait plus : « Demain, quand mon père viendra... ». Je sais maintenant qu'il craignait de se trahir. Pour un petit garçon bavard qui ne savait rien cacher de ses élans, où puisait-il la force de se taire ?

Privé de ses rêves d'avenir et n'en possédant aucun par moi-même, je m'enfonçais un peu plus dans le passé. Je revivais chaque seconde de ma vie auprès des miens. Mais là aussi le temps et l'absence creusaient des espaces infranchissables. Nous n'étions plus « ensemble ». Ils étaient d'un côté et moi de l'autre. Mes souvenirs n'étaient plus que séparation infinie.

Je priais, parfois. Les sœurs m'avaient donné un petit chapelet blanc. Je l'enroulais entre mes mains jointes à la manière de mes parents. Chose étrange, à ces moments-là je retrouvais la sensation d'une présence réelle. Je ne mettais pas en doute l'existence de Dieu, même si je ne sentais plus sa douceur. Je ne lui attribuais pas la guerre et la mort des miens. Etais-je trop petit pour ce genre de révolte ? Dieu m'avait été donné par mes parents. Leur tendresse avait ancré en moi la certitude de sa tendresse. Comment comprendre l'amour divin, invisible et muet, s'il ne vous est transmis à travers un amour terrestre, palpant et palpable, parlant et parlé, qui vous fait déborder d'élans et de soleil ? Si mes parents étaient amour, Dieu pouvait être amour. Si mes parents refusaient la guerre, Dieu ne pouvait la vouloir.

Seulement je ne savais pas encore différencier une présence visible d'une présence abstraite. Tout cela était assez confus dans mon esprit d'enfant. Et tout comme je parlais à mes parents absents, j'avais l'impression de prier un Dieu absent. Ils étaient tous au ciel, je n'en doutais pas. Mais se représenter un ciel où les miens évoluaient sans corps et sans moi, c'était trop demander à ma raison. Eux absents de la terre, Dieu l'était aussi. Et le ciel ayant déserté mon cœur, ce qui se passait, là-haut, au-dessus des nuages, me devenait incompréhensible.

*

Avec le printemps, j'attendais à nouveau le déclin de la guerre. Avons-nous fini d'espérer, aujourd'hui encore ? D'espérer sans comprendre pourquoi nous mourons ? A chaque trêve nous croyons la paix revenue, alors que la guerre se prépare à rebondir, plus féroce, plus compliquée, plus meurtrière que jamais. Aujourd'hui, il nous semble que cette guerre n'a d'autre raison que de tuer pour tuer, le plus de gens possible, le plus atrocement possible. Et nous espérons encore.

Je pense souvent à la petite fille brisée, près de sa poupée intacte. Elle est née en pleine guerre, n'a vécu que la guerre, est morte par la guerre. Comment se représentait-elle la paix ? Quel sens ce mot de lumière avait-il pour elle ?

« C'est comment un pays en paix ? » questionna un petit garçon de six ans, une nuit de bombardements fous.

Jad et moi avions eu la chance de savoir. Mais lui, saura-t-il jamais ?

« Aimerais-tu partir loin d'ici ? demanda Jad.

– Pour aller où ?

– Dans un pays sans guerre.

– On dormirait tous les soirs dans son lit ?

– Oui.

– On n'aurait plus aucune fois peur ?

– Non.

– On ne verrait plus tout le temps des morts qui font peur ?

– Non.

– On pourrait jouer dehors sans avoir peur ?

– Oui.

– Mais cet autre pays ne serait pas le Liban ?

– Non.

– Alors, je préfère rester ici.

– Mais ici, il y a des bombes.

– Oui, mais même avec les bombes, c'est le Liban. Mon papa dit que c'est notre terre et que si tous ses fils la quittent, elle mourra pour de bon. Je ne veux pas que notre terre meure.

– Et que feras-tu demain, quand tu seras grand ?

– Comment veux-tu que je te le dise ? On ne sait même pas si demain, on ira à l'école. Toi, qu'est-ce que tu fais ? Et ton frère, qu'est-ce qu'il fait ?

– Nous nous préparons à devenir secouristes.

– C'est quoi, ça ? »

Jad le lui expliqua et je me souvins de sa promesse d'enfant : « Demain, quand je serai grand, je ferai n'importe quel travail contre la guerre. Tu crois que ça existe ? En tout cas, nous le ferons ensemble ».

« Vous allez conduire une ambulance ? s'enquit le petit bonhomme, très intéressé.

– Peut-être, dit Jad. Ce n'est pas ça, l'important.

– Et c'est quoi, l'important ?

– C'est d'aimer, dit Jad, qui parle si simplement, si merveilleusement de ces choses.

– Ah ! si je vis, je deviendrai secouriste, affirma notre petit bonhomme en battant des mains. J'aime aimer ».

« J'aime bombarder ! criait notre Ramzi, bourré de défis. Tiens, je suis pilote de bombardier ! Bang ! Bang ! Bang !... vous êtes tous morts !

– Tu n'as pas peur des obus ? demanda Jad, un soir où il en tombait des centaines, pas loin de l'orphelinat.

– Si, admit Ramzi. Mais tu comprends, celui qui vise, ce n'est pas comme celui qui reçoit. Celui qui vise est tout-puissant. Il peut aller où il veut et faire ce qu'il veut. Personne n'oserait l'en empêcher. Tu ne trouves pas que c'est fantastique ?

– Non. Je n'aimerais pas aller où je veux et faire ce que je veux de cette façon.

Il ajouta, plein d'appréhension :

– Et tant que tu y es, tu ne voudrais pas aussi torturer des gens ?

– Oh, non ! s'indigna Ramzi, qui demeurait très sensible sur les bords et ne voulait démolir qu'en vrac et dans l'abstrait. Il vaut mieux attaquer de loin. Comme ça, on ne sait pas et on ne voit pas qui on tue.

– C'est tuer pareil, assura Jad. Et pourquoi voudrais-tu attaquer ?

– Pour être fort. Toujours le plus fort. Ça ne te plairait pas d'être fort ?

– Non, je n'aime pas ça, du tout.

– Qu'est-ce que tu aimes, alors ?

– J'aime aimer. Toute ma vie, j'aimerai aimer.

– Tu es bête. Ça ne mène à rien.

– Si. Mes parents ont toujours dit que ça menait à tout.

– Ta maman, à quoi ça lui a servi ? Elle est morte.

– Tu peux dire ce que tu veux, conclut Jad, la voix tremblante d'indignation et de chagrin. Je ne peux pas t'expliquer, mais JE SAIS. C'est quelque chose qui est là-dedans (il pressait sa main sur son cœur), avec ma maman ».

*

Ramzi recherchait de plus en plus notre compagnie. Etait-ce parce qu'il sentait que nous l'écoutions pour de bon ? Cela le grisait d'ajuster verbalement ses parents à ses désirs, auprès de quatre oreilles attentives qui ne songeaient pas à le contredire. Jad l'accueillait gentiment et multipliait ses « sûr, Ramzi ! » avec des mines d'adulte conciliant. Je le tolérais moins bien à cause de ses questions en coups de poings. Il ne le faisait pas exprès. Il aurait voulu comprendre tant de choses, ce petit garçon aux liens si lâches. Huit ans et demi, et le monde fermé autour de lui. Fermé par la guerre et par les problèmes de ses parents. Fermé depuis sa naissance.

« Pourquoi aimes-tu Nassim plus que les autres ? demandait-il à Jad. Pourquoi est-il ton meilleur ami ?

– Parce qu'il n'a plus personne. Tu ne vois pas qu'il a tout perdu, même sa voix ?

– Et quand tu partiras, qu'est-ce qu'il fera ?

– Je ne suis pas encore parti, répliquait vivement Jad en rougissant comme une cerise, tandis que je me sentais pâlir à tourner de l'œil. Je ne le quitterai pas. Et puis, on ferait mieux de jouer. On parle parfois trop ».

Mais Ramzi était tenace. Il se tournait vers moi et demandait sans se gêner :

« C'est comment, d'être double orphelin ? Qui va te sortir un jour d'ici, si tu n'as personne ? Il faudra que tu te décides à t'enfuir. Moi, je le ferai quand mes parents auront une maison ensemble et...

– Laisse-le tranquille, tranchait Jad. Attaque-moi autant que ça te plaît, mais lui, laisse-le tranquille. Ce n'est pas juste, il ne peut pas te répondre ».

Fuguer ? Pourquoi pas ? J'y avais déjà songé. Mais où aller, quand on n'avait personne au monde. Et comment escamoter les nuits et leurs fantômes ? Un enfant avait fugué, le mois précédent, vite ramené au bercail. Dieu, que l'espoir d'autre chose devait être fort pour se lancer ainsi dans l'inconnu. Ou le désespoir tout court. Mais moi, je savais qu'on pouvait aussi bien mourir sur place, sans s'aventurer ailleurs.

« Tu as un bien joli ballon, me dit Ramzi. C'est dommage que personne ne joue avec ».

Mon ballon et ma petite voiture. Tout ce que je possédais en ce monde. Jouer avec ? Ce n'était pas des jouets, voyons ! C'étaient deux pensées du papa de Jad. Deux liens tangibles d'un amour que je couvais sous mon bras et dans ma poche pour en préserver la permanence. Les abîmer serait les rendre éphémères. Jad pouvait shooter, érailler et même crever son ballon. Cet objet n'était rien en regard de sa certitude. Son père, il l'avait tout entier. Moi aussi, il m'avait tout entier. Mais moi, je faisais sans doute partie de sa gentillesse, mais non de ses nécessités. Je n'étais qu'une parenthèse, non indispensable à son bonheur.

Ramzi lorgnait mon ballon avec une telle envie que j'en fus troublé. Combien de fois l'avait-on appelé au parloir, depuis Noël ? Deux visites, pas plus. Il en était revenu les poings serrés au fond de ses poches. Vides. Lui qui ne parlait que de jouets à la pelle. Et les deux fois, il avait pleuré et appelé dans son sommeil.

« Tu as quand même eu des friandises, le consolait Jad.

– Peuh ! ça ne dure pas ! Quand on les a mangées, qu'est-ce qu'il reste ? Rien. Tu joues avec des bonbons, toi ? »

Mon cœur chavira de compassion. Si je lui prêtais mon ballon, il me resterait ma petite voiture. Il y a comme ça des élans irrésistibles qu'on ne comprendra jamais. Je lui tendis mon trésor. Ses yeux et sa bouche s'arrondirent.

« Tu veux dire que tu me le prêtes ?

– Oui, fit ma tête.

– Tu en es sûr ?

– Oui, fit ma tête.

– Et s'il s'abîme ?

– Et après ? firent mes épaules.

– Est-ce que... est-ce que... je pourrais dormir un soir avec ?

– Oui, fit ma tête.

– Ça alors ! Mais je ne suis pas ton ami ! Pour toi, il n'y a que Jad qui compte.

– Ah ! fit mon cœur.

Jad prêtait son ballon à tout le monde. Jad était prêt à être l'ami de tout le monde. Pourquoi ne pas l'imiter, moi, son MEILLEUR ami. Une onde de fierté me gonfla le cœur.

« Tiens ! » firent mes mains tendues.

Je lançai doucement mon précieux souvenir. Ramzi l'attrapa et dit :

« Je ferai attention, ma main sur la croix ! Je te le rendrai presque neuf. Et puis... et puis... je ne l'oublierai pas de toute ma vie ».

*

Que le printemps me paraissait fragile et dépouillé. Un carré de ciel bleu tout neuf où coulissaient des touffes de nuages tout neufs, un arbre se parant de tendres bourgeons, prisonnier et seul dans son étroit cercle de terre au centre d'une cour bétonnée... c'était peu... trop peu !

Arbres nus, arbres en fleurs, arbres en fruits ou en feuilles, qu'ils étaient libres, les arbres de chez nous, buvant les pluies d'hiver ou les pluies d'étoiles, ou la profonde coulée bleue des jours diaprés de miel. Leurs branches virevoltaient au vent, en danse célébrant leur montée de sève, et leurs ombrages, ocellés de lumière, bruissaient sous nos pas comme bonheur qui s'étire.

Ah ! toucher un pin doucement rugueux sous nos paumes, en gratter l'écorce pour éveiller sa rousse senteur, boire à la source qui lève du profond de la terre pour capter ses nuances aux rayons du soleil, s'étendre sur l'herbe barbotée de bestioles et fermer les yeux pour mieux surprendre la mystérieuse concordance des ombres et des lumières... Et les fleurs, partout, déliant leurs couleurs en miracle de grâce aérienne, les marguerites que Lamia égrenait en blancs je t'aime, un peu, beaucoup... les cyclamens dans le creux des rochers, oscillant entre le rose et le carmin, les miroirs de Vénus en minuscules vasques cristallines, les myosotis au bleu rieur, les campanules frémissantes comme ailes de phalènes, les jacinthes, couleur de mer au crépuscule... les somptueuses cueillettes de maman, et les nôtres, échevelées comme pétales en cascades.

Fleurs voltigeantes comme zéphir, fleurs au chant furtif comme trilles de moineau... que notre montagne était belle, porteuse de tant d'ivresses.

Un arbre seul, se parant de tendres bourgeons au centre d'une cour, c'était peu... mais si beau ! Il attirait les oiseaux et rendait son chant à notre carré de ciel. Il me rendait les fleurs de chez nous, et la mémoire de mes mains encerclait un bouquet d'autrefois ; mes mains que la douleur et le dépouillement, patiemment, initiaient à la transparence des choses. Elles palpitaient entre mes mains, les fleurs d'autrefois. Je les portai à mon visage et humai leur histoire d'un printemps autour des arbres centenaires. Un seul printemps pour s'inscrire à jamais dans la souveraine plénitude d'un élan de vie... et s'accomplir.

« Tu tiens quoi ? dit Ramzi. Du vide ? Tu respires quoi ? Du vide ?

– Non ! dit Jad, soudain lointain et la voix comme un murmure de source. Non ! Il tient le printemps de chez lui.

– Peuh ! fit Ramzi, citadin nostalgique de klaxons et de néons clignotants, peuh ! en ville, on a mieux que des printemps.

– Ah !... Et comment pouvez-vous fêter les rameaux, sans fleurs ?

– On les fête avec des cierges, des fleurs et les rameaux d'oliviers qu'on a bénis l'année précédente. Après, on prend les nouveaux.

– Et vous faites une procession ?

– Bien sûr. Autour de l'église.

– C'est comme chez nous, alors ?

– Pourquoi que ça ne serait pas comme chez vous ?

– Et ton père te porte sur ses épaules, pour la procession ?

– Pourquoi qu'il ne me porterait pas ? Il m'achète un cierge plus grand que moi. Dimanche prochain, il viendra me chercher pour la fête. Je te raconterai.

– Et l'église, elle est comment ?

– Comme toutes les églises.

– Pas comme la nôtre, en tout cas !

– Pourquoi ?

– La nôtre est spéciale parce que... parce que c'est la nôtre. Voilà !

– Mais elle est détruite, s'étonna Ramzi.

– Même détruite, elle est spéciale. Et on va la reconstruire spéciale.

– Et l'église de Nassim ? »

Je n'écoutai pas la réponse. La pensée me vint, brutale, qu'on pouvait rebâtir les maisons et les églises... mais pas les familles écroulées. Quelles couleurs revêtaient les souvenirs de Jad, lui qui avait eu la chance de ne pas voir les siens écrabouillés ? Ses rêves gardaient la blonde fraîcheur des jours heureux et les gestes, la voix, le regard, les mains, le visage de sa mère... intacts et vivants. Entre ses souvenirs et lui, la mort n'interposait pas son horrible carnage. Il n'avait pas touché la mort. Il ne savait pas que le silence d'une main était aussi intolérable que le silence d'une voix et que la terrible vision de sa maison et de ses tendresses en morceaux faisait qu'on se sentait soi-même en morceaux. Volubiles et enthousiastes, Ramzi et lui se racontaient leurs processions et s'étonnaient de les trouver si semblables, malgré la différence des mots.

Ramzi parlait du prix des cierges, de son costume neuf, de la quantité de gens présents à la messe, des kilos de douceurs achetées par son père. Etrange son besoin de cerner les choses par leur valeur marchande, leur poids ou leur durée. Espérait-il ainsi les rendre plus réelles ? Jad évoquait l'autel ennuagé de fleurs, la menotte de Gihane irrésistiblement attirée par les petites flammes dansantes, la longue file blanche d'enfants de chœur et la houle d'« hosanna », gaie, triomphante, irisée comme déferlement de soleil.

C'est vrai que notre foi était rires, chants, fleurs, pleurs, lumières, silences, recueillements, festins et neuves fanfreluches... sentiment, toujours... sensation, toujours... émotion, toujours... joie, toujours... parce que c'est avec son cœur que l'on palpe l'indicible, avec ses mains que la fraternité se lie, avec ses lèvres que l'on chante « Alleluia », avec ses yeux que l'on vit en couleurs.

Elle était si gaie, notre fête des Rameaux. Vêtus de neuf, portant de grands cierges modelés en torsades et ornés de fleurs et de rameaux d'olivier retenus par des rubans, les enfants semblaient étrenner le printemps.

Sur les marches de l'autel, Abouna souriait, aussi frais, aussi neuf que nous dans son blanc surplis. Sa voix appelait, joyeuse : « Laissez les enfants venir à Jésus comme ils viennent à ceux qu'ils aiment, en courant, en chantant, en riant, en parlant. Laissez-les venir à leur manière ». Et nous courions, en effet, et nous riions, en effet, libres, libres, ailés, car rien n'est plus fastueux, plus immense, plus traversé de grâce et de présence que de s'élancer librement vers l'Amour.

Il était partout, cet Amour, dans la paix de notre village et la beauté de nos paysages, mais c'est le tabernacle qui nous semblait enclore son mystère, veillé par une petite lampe dont la lumière diffusait la même douceur que celle d'une crèche. Nous nous pressions autour d'Abouna, tiraillant les manches de son surplis : « Abouna, porte-moi tout près. Fais-moi écouter sa présence ». Il nous soulevait l'un après l'autre et la joue frôlant la petite porte entrouverte, le cœur battant de ravissement, c'est le cœur de l'Amour que nous savions entendre, comme nous savions entendre l'ample respiration de la mer dans un coquillage et l'appel à la tendresse dans le sourire des nôtres.

Après la messe, nous allumions nos cierges pour la procession. Hissés sur les épaules de leurs papas, de leurs geddos ou de leurs grands frères, les enfants planaient, ivres de joie, de chants, de bleu ciel et de prières. Les mamans et les tétas portaient les tout nouveau-nés, habillés de neuf, eux aussi... neuve l'âme, neuves les robes claires, neuf le blond soleil si doux du printemps neuf... neuf l'Amour triomphal, éblouissant, souverain, s'infinissant comme paumes levées en un même geste d'offrande et d'accueil.

Sous notre ciel traversé de bombes, elles continuent, ces processions, en longues files de réfugiés, en longues files de familles en deuil. Des papas et des geddos portent les cierges, les épaules affaissées par le lancinant rappel du doux poids de leurs enfants. Des mamans et des tétas avancent, les bras arrondis en berceaux creusés d'absence et de douleur. Des enfants prient, le cœur broyé par les images de leurs tendresses brisées.

Mais l'Amour chante toujours et sur des ruines encore fumantes et ensanglantées lèvent des banderoles doucement gonflées de brise : « Seigneur, pardonne-leur, car ils ne savent ce qu'ils font ».

*

Le coup tant redouté me tomba sur la tête avec la violence d'un obus. Nous étions à la veille des grandes vacances et certains enfants se préparaient au départ.

Depuis longtemps fatigué de me souvenir, fatigué d'osciller entre l'espoir et le désespoir, je sommeillais sur mon banc, tranquille, ni heureux ni vraiment malheureux, absent à moi-même.

« Tu ne veux pas jouer avec nous ? me proposa un groupe d'enfants.

– Non, fit ma tête.

– Si tu ne joues jamais, qu'est-ce que tu vas faire, tout l'été ? »

Je n'en savais rien et je haussai les épaules. Ils questionnèrent Jad.

« Et toi, qu'est-ce que tu vas faire ? Ton père vient te chercher, demain ?

– Je... je ne... je ne peux pas le dire, bégaya-t-il en évitant de me regarder.

– Et Nassim ?

– Oh ! s'écria-t-il, impatient, laissez-le tranquille ! Demain n'est pas encore arrivé ! »

Il m'entoura les épaules de son bras, mais garda le silence. Il n'était plus le même. Depuis quelques jours, il ne me parlait presque pas. Je le sentais inquiet et en même temps éperdu de joie. Une étrange complicité le soudait presque à sœur Marie. Il ne loupait pas une occasion de se presser contre elle, terriblement confiant, et les regards qu'ils échangeaient (il y passait tant de choses qui m'échappaient) me picotaient désagréablement le cœur. J'étais jaloux et ne pouvais rien dire.

Que les autres enfants se pendent aux jupes de sœur Marie, je n'avais rien contre. Elle leur disait parfois des mots de mamans, doux, soleilleux, et je me bouchais les oreilles pour ne pas entendre. Accepter sœur Marie, cela équivalait sans doute, dans mon esprit d'enfant profondément perturbé, à la substituer aux miens et à accepter du même coup l'enfermement à vie dans cet orphelinat qu'il m'était impossible de percevoir autrement qu'une prison. Mais Jad... quel besoin avait-il de s'accrocher à elle de la sorte, alors qu'il avait un papa merveilleux ? C'était vrai que ce petit garçon aimait tout le monde. Avec elle, cependant, il semblait partager un secret dont j'étais exclu. Cela renforçait mon engourdissement : une manière comme une autre de me soustraire à un surcroît de souffrance.

Si je n'avais perdu ma voix, j'aurais bien fini, à la longue, par communiquer avec les sœurs et les autres enfants. Mais l'impossibilité d'émettre le moindre son me paralysait autant que le chagrin, et je trouvais plus commode de rejeter tout le monde en bloc. De plus, j'en avais assez de secouer la tête de haut en bas pour dire oui, de gauche à droite pour dire non, et de hausser les épaules pour tout le reste. Et puis Jad était toujours là quand je me sentais harcelé. Lui parti... Non ! Plus les grandes vacances approchaient, plus mon cœur et ma raison refusaient d'y songer, et plus Jad s'agglutinait à sœur Marie. Un soir, pendant sa ronde, je l'entendis lui chuchoter :

« Tu es sûre que TOUS les papiers sont finis ?

– Oui, dit-elle.

– Sûre, sûre ?

– Oui, sûre, sûre.

– Et le docteur ? Il est sûr, aussi ?

– Ne te tracasse pas, Jad. Nous allons beaucoup prier, tous les deux. Aie confiance !

– Oh ! dit Jad, je prie tous les soirs et tous les matins et même parfois dans la cour et au réfectoire ».

C'était donc la prière qui l'empêchait de parler ? Comme il avait mentionné le docteur, je supposai qu'il priait pour une religieuse malade et je m'endormis, rassuré.

Le dernier matin, le dortoir entier se réveilla avant les oiseaux. Ramzi sautait à pieds joints sur son lit et chantait à tue-tête : « C'est les vacan-ces ! Ce soir, pensez tous un peu ! je dormirai à côté de ma maman ».

Les vacances, qu'est-ce que cela voulait encore dire, avec la guerre ? Et qu'est-ce que cela voulait dire, des vacances en cage, pour ceux qui ne partaient pas ? Jad allait-il rester ? Son père avait-il trouvé du travail et une chambre ? Ils n'en parlaient jamais. Je ne voulais pas y penser, mais une peur sournoise me barbouillait l'estomac. J'espérais qu'au moins, on n'entendrait plus l'abominable cloche, qu'elle serait en vacances, elle aussi. O misère ! elle annonça, comme d'habitude, le petit déjeuner, mais les rangs étaient défaits. Les enfants, surtout ceux qui partaient, ne se souciaient plus de la discipline. La guerre était toujours là, c'est vrai, mais ils allaient retrouver leur « chez eux » ou du moins ce qu'il en restait, certains dans des camps de réfugiés, et ce soir, immense bonheur, ils dormiraient tout contre « leurs » tendresses.

Je sortis dans la cour où l'arbre étirait son merveilleux feuillage. Allah ! qu'il était beau ! Je m'y accrochai comme à un être vivant. Reconnaissait-il la caresse de mes mains ? Comment pouvait-il ainsi s'épanouir dans sa solitude, sans paysages et roucoulements de sources, sans lézards, scarabées, cigales et sauterelles, sans buissons de fougères et de bruyères ? Le soleil et les oiseaux suffisaient-ils à son bonheur ?

J'allai rejoindre Jad sur notre banc. Il balançait ses jambes, manifestement troublé. J'aurais voulu écrire sur un bout de papier : « Jad, est-ce que ton père va venir, aujourd'hui ? » Je pris tout à coup conscience que ma vie entière était suspendue à cette question. Mais je ne pouvais me décider à la formuler. J'avais trop peur de la réponse. Non, il valait mieux ne pas penser.

On l'appela au parloir. Ma panique fut telle que je ne remarquai même pas qu'il ne m'invitait pas à le suivre, comme les autres fois. Ramzi prit aussitôt sa place.

« J'ai vu le père de Jad en passant par la cour des grands, dit-il. Ça m'a tout l'air qu'il vient le chercher ».

Il me regardait gentiment, sans doute perplexe de me trouver seul.

« T'en fais pas, ajouta-t-il, il reviendra ».

Je ne fis qu'un bond jusqu'au dortoir. J'ouvris sa table de nuit. Vide. Je retournai son traversin. Le livre de prières de sa mère avait disparu. Je sentis un creux terrible à la place de mon cœur. Je m'affalai sur le carrelage et m'y roulai en proie à une douleur sans nom. Sœur Marie essaya de m'attraper. Je ne l'avais pas vue entrer. Je me débattis si sauvagement qu'elle dût me lâcher. Le désespoir montait, noir et m'enserrait à m'étouffer.

Alors je me mis à hurler. Mon cri m'emplissait la bouche et les oreilles, s'écoulait hors de moi comme lave brûlante... noyait le dortoir, l'orphelinat, la terre entière.

Parvenait-il jusqu'à son ciel, ce cri à elle dédié, ma mère, ma déesse, mon souffle et ma mort ?

*

Je hurlai jusqu'à épuisement de mes forces, mais pas de ma douleur. Le silence qui suivit me fit peur. Il ressemblait au silence de mon village, après le passage de la mort.

Je fixai la porte du dortoir. Jamais plus Jad ne la pousserait pour me lancer : « *Yalla !* dépêche-toi, voyons ! Il nous attend ». Sa voix aussi il l'emportait avec son livre, ses images, sa petite voiture, son ballon et ses « viendra » magiques.

Et son rire ! Allah ! que le dortoir était vide sans son rire ! Allah, qu'il était sombre et vide !

Je continuai à fixer la porte. Je la vis s'ouvrir, non pas sous une poussée impatiente, mais lentement, comme si on eût craint d'être surpris. La tête de Jad apparut, hésitante, puis il avança en se dandinant curieusement. Il y avait dans son attitude une gravité que je ne lui connaissais pas. Mon cœur s'arrêta de battre pour repartir à grands coups désordonnés. Il était là, devant moi, et je n'arrivais pas à y croire. M'étais-je endormi sans le savoir et le voyais-je en rêve ? Je voyais souvent les miens aussi clairement en rêve. Ramzi disait que lorsque des morts vous apparaissaient de la sorte, c'est qu'ils venaient vous chercher. Cela ne m'effrayait pas. Je n'appréhendais que les cauchemars et les fantômes qui rôdaient régulièrement autour de mon lit.

J'appelai timidement : « Jad, c'est toi ? »

Je ne puis décrire l'expression de son visage lorsqu'il entendit ma voix. L'incrédulité l'immobilisa un instant, puis il tournoya sur lui-même en chantant : « O ma mère, ô maman, ça a réussi... ça a réussi ! »

Il alla secouer la manche de sœur Marie qui n'osait encore intervenir :

« Tu as entendu ? Il parle ! Il parle ! Il parle ! S'il te plaît, ma sœur, tu ne peux pas aller le dire à mon papa ? Parce que moi, je dois lui dire, à Nassim.. tu sais quoi ».

Elle embrassa Jad et me caressa les cheveux. Sa main m'était toujours étrangère. A force de se croire, de se penser seul, on ne sait plus reconnaître le cœur des autres.

Brisé par tant d'émotions et aussi éberlué que Jad du retour de ma voix, je perdis, comme mon père, le Nord, le Sud, l'Est et l'Ouest. Je ne voulais plus comprendre. Cela me chamboulait trop l'âme. Je ne sais pourquoi je pensai à mon dessin et faillis demander à Jad s'il l'emportait avec lui. Cette idée réveilla ma douleur. Mais au lieu de crier, je me mis à pleurer.

Jad s'assit par terre, près de moi, et annonça, solennel :

« Je vais te dire une chose que tu ne vas plus pleurer. Tu ne sais pas ? Ecoute, Nassim, papa nous emmène tous les deux, pour toujours ».

« Tous les deux pour toujours ?

Je mis un temps infini à comprendre. Les grandes joies comme les grandes douleurs se heurtent à la soudaineté de la révélation. On entend les mots sans en saisir le sens. On se les redit en écho. Et puis, lentement, quelque chose se dénoue ou se noue au plus profond de soi et...

Mon cœur s'ouvrait. Le ciel s'ouvrait.

La terre s'ouvrait. L'univers entier devenait carillon de Pâques, cantique de Noël et soleil... soleil...

Mon père, ma mère, je retrouvais enfin vos visages vivants et l'amour que vous aviez déposé en moi reprenait vie. Allah ! que j'avais envie de vivre. Pour toujours. Même si la guerre m'avait appris que « toujours » pouvait mourir en un instant.

Mais « toujours » n'avait plus d'importance, quand chaque seconde trempée d'amour portait en soi l'éternité.

Cela, je le ressentais confusément. Cependant à travers ce fabuleux bonheur qui venait à moi, alors que la guerre grondait, dehors, je sus, d'une manière profonde et définitive, que dans la vie, je ne voulais être que vie... vie... vie... et cœur sur la paume, comme mon père et ma mère, comme mon village, comme Jad et son merveilleux papa... paume qui sème, moissonne et dénoue... oui, même la guerre.

Je regardai Jad. Il paraissait déçu et triste :

« C'est tout ce que ça te fait ? Au lieu de sauter de joie, tu continues de pleurer. Ce n'est pas juste ! Tu n'as donc pas compris qu'on est devenus de vrais frères pour toujours ? »

Oh ! Jad, Jad, mon vrai, mon merveilleux petit frère, ma joie était trop forte pour s'exprimer en paroles. Il lui fallait encore un peu de temps pour finir de dégeler mon cœur. Mais si tu savais comme j'avais besoin de toi, de ta douceur, de ta gentillesse si vraie, si spontanée, de tes bavardages, de tes impatiences, de tes *Yalla !*, de tes *Ya Mar Elias,* que t'ai-je donc fait pour que tu me colles un idiot pareil ! ... de tout toi pour échapper à l'enlisement sournois des chemins de nulle part et réengager mes pas sur les chemins de la vie.

Oui, je pleurais. Des larmes brillantes et sereines comme sourire. Des larmes comme prière. Des larmes à mes parents dédiées, à Dieu, à ton père (mon père sur cette terre, qu'Allah le garde toujours au-dessus de nos têtes et le comble de paix et d'amour) ! et à toi, Jad, petit garçon au cœur de mère, qui m'as tant donné.

Je pleurais et je balbutiais :

« Jad, mon frère pour de vrai ? »

Et toi, de nouveau impatient, de nouveau pareil à toi-même, petit écureuil semeur de tendresse, tu bondis sur tes pieds et me tiras par le bras :

« Puisque je te le dis ! *Ya Mar Elias,* qu'est-ce que je t'ai fait pour me coller un idiot pareil ? *Yalla* ! dépêche-toi, voyons !...

... IL NOUS ATTEND ! »

Père Mansour Labaky,
Baabdat, le 26 mars 1985

ACHEVE D'IMPRIMER
SUR LES PRESSES DE L'IMPRIMERIE TEQUI
EN DECEMBRE 1989

Dépôt légal : 5964 — Décembre 1989
35.55.7534.07
ISBN 2-213.01761.1

35.7534.7